"十四五"职业教育国家规划教材

"十三五"职业教育国家规划教材

航空运输类专业系列教材

# 民航国内客票销售

## （第2版）

主　编　何　蕾

副主编　姚慧敏　温　俊

電子工業出版社

Publishing House of Electronics Industry

北京·BEIJING

## 内 容 简 介

本书系统介绍了民航国内客票销售的理论与实务，包括客票销售基础知识、国内旅客运价、订座及订座系统、旅客订座记录、电子客票销售实务、民航特殊旅客客票销售、电子客票退票与变更、旅客运送服务。本书每章均有学习目标、思考与练习等，理论联系实际，以激发学生自主学习的积极性。

本书可作为高等院校、职业院校航空服务、空中乘务、机场运行、民航运输等专业的教材，也可作为民航服务从业人员参考书。



图书在版编目（CIP）数据

民航国内客票销售 / 何蕾主编. -- 2 版. -- 北京 ：电子工业出版社，2025. 3. -- ISBN 978-7-121-50007-7

Ⅰ. F562.5

中国国家版本馆 CIP 数据核字第 202598HW09 号

责任编辑：李　静
印　　刷：三河市龙林印务有限公司
装　　订：三河市龙林印务有限公司
出版发行：电子工业出版社
　　　　　北京市海淀区万寿路 173 信箱　邮编　100036
开　　本：787×1 092　1/16　印张：11.75　字数：301 千字
版　　次：2019 年 11 月第 1 版
　　　　　2025 年 3 月第 2 版
印　　次：2025 年 3 月第 1 次印刷
定　　价：39.80 元

凡所购买电子工业出版社图书有缺损问题，请向购买书店调换。若书店售缺，请与本社发行部联系，联系及邮购电话：（010）88254888，88258888。

质量投诉请发邮件至 zlts@phei.com.cn，盗版侵权举报请发邮件至 dbqq@phei.com.cn。

本书咨询联系方式：（010）88254604，lijing@phei.com.cn。

# 航空运输类专业系列教材
# 建设委员会

# 协助建设单位

国际航空运输协会
春秋航空股份有限公司
奥凯航空有限公司
香港快运航空公司
重庆机场集团有限公司
北京外航服务责任有限公司
北京临空国际技术研究院有限公司
郑州中原国际航空控股发展有限公司
杭州开元书局有限公司
三亚航空旅游职业学院
广州民航职业技术学院
浙江育英职业技术学院
西安航空职业技术学院
武汉职业技术学院
武汉城市职业学院
江西青年职业学院
长沙航空职业技术学院
成都航空职业技术学院
上海民航职业技术学院
南京旅游职业学院
西安交通大学
三峡航空学院
西安航空学院
北京理工大学
北京城市学院
烟台南山学院
青岛工学院
西安航空职工大学
南通科技职业学院
中国民航管理干部学院
郑州航空工业管理学院
长沙南方职业学院
长沙商贸旅游职业技术学院
长沙民政职业技术学院
南京航空航天大学
浙江旅游职业学院
潍坊工程职业学院
江苏工程职业技术学院
江苏安全技术职业学院
湖南生物机电职业技术学院
河南交通职业技术学院
浙江交通职业技术学院
新疆天山职业技术大学
正德职业技术学院
山东外贸职业学院
山东轻工职业学院
三峡旅游职业技术学院
郑州大学
滨州学院
九江学院
安阳学院
河南工学院
中国石油大学
厦门南洋职业学院
广州市交通技师学院
吉林经济管理干部学院
石家庄工程职业学院
陕西青年职业学院
廊坊职业技术学院
廊坊燕京职业技术学院
秦皇岛职业技术学院
广州珠江职业技术学院
广州涉外经济职业技术学院
武汉东湖光电学校
闽西职业技术学院
黄冈职业技术学院
衡水职业技术学院
山东海事职业学院
安徽建工技师学院
安徽国防科技职业学院
惠州市财经职业技术学校
黑龙江能源职业学院
北京经济管理职业学院
四川文化传媒职业学院
济宁职业技术学院
泉州海洋职业学院
辽源职业技术学院
江海职业技术学院
云南经济管理学院
江苏航空职业技术学院
德州科技职业学院
河南工业贸易职业学院
兰州航空职业技术学院
四川交通职业技术学院
烟台工程职业技术学院
重庆第二师范学院
南阳师范学院
成都文理学院
郑州工商学院
云南旅游职业学院
武汉外语外事职业学院
德阳川江机电职业学校
武汉外语外事职业学院
湖北交通职业技术学院
北京交通运输职业学院

#《民航国内客票销售（第 2 版）》
# 编委会

主　编　何　蕾

副主编　姚慧敏　温　俊

参　编　刘晓畅　李佳贝

# 再版前言

在民航强国战略的引领下，中国航空运输业已成为全球最具活力的航空市场。2023 年全行业运输总周转量已突破 1200 亿吨公里，国内航线网络覆盖率达 98.6%。截至 2024 年末，我国民航运输总周转量连续 18 年稳居世界第二，国内通航机场达 380 座，航线网络覆盖全国 92%的县级行政单元。这一跨越式发展对民航服务人才提出了更高要求。2024 年行业数据显示：航空公司直销渠道占比提升至 35%，OTA 平台（在线旅游平台，如携程、美团等）交易量占比 58%，传统代理渠道仅占 7%。这些技术变革要求从业人员必须掌握大数据分析、AI 工具应用、场景化营销等复合型技能。

民航客票销售作为民航运输服务链中的重要环节，是连接旅客与航空公司的纽带，其运营效率和服务质量直接影响着旅客的出行体验和航空公司的经济效益。随着人工智能、大数据等新一代信息技术的迅猛发展，以及旅客出行需求的日益多元化和个性化，民航客票销售面临着前所未有的机遇和挑战。

本书第一版自问世以来，始终肩负着为行业输送专业销售人才、推动票务管理规范化发展的重要使命，得到了许多高职院校师生的欢迎和认可。为适应新形势、新变化，满足民航业对高素质客票销售人才的需求，顺应教育市场需求，编者团队对《民航国内客票销售》教材进行了全面修订。本次修订在保留原教材基本框架和核心内容的基础上，主要做了以下修改和完善：更新了相关数据和政策法规。近年来，我国民航业发展迅速，相关政策法规不断完善。为及时反映行业最新发展动态，我们对教材中涉及的相关数据和政策法规进行了全面更新，例如，更新了近年来我国民航运输业发展数据，包括旅客运输量、机场旅客吞吐量等，以反映我国民航业发展的最新成就；更新了主要航空公司运营数据，包括机队规模、航线网络、市场份额等，以帮助学生了解行业竞争格局；更新了国内航线运价政策，包括票价种类、票价计算规则、票价优惠政策、主要航空公司客票退票、变更、改签政策等，以帮助学生掌握最新的票价政策；对部分内容表述进行了梳理和优化，使其更加准确、简洁、易懂。

《民航国内客票销售（第 2 版）》既是对行业二十年信息化建设的总结，更是面向智慧民航新时代的启航。我们期待本书能继续发挥行业人才培养主渠道作用，助力从业人员在数字化转型浪潮中把握先机，为民航高质量发展培育更多复合型票务人才。

本书修订版的出版发行，凝聚了编者的辛勤劳动和智慧结晶，本书在编写过程借鉴吸收了国内外许多学者的研究成果和行业企业的操作标准与工作标准，在出版之际，谨向上述有关单位和个人表示衷心的感谢。由于编者水平所限，书中难免存在疏漏之处，恳请广大师生、业界同仁提出宝贵意见，共同推动民航教育体系的持续优化升级。

如您在学习过程中遇到问题，或需要电子课件等配套教学资源，请联系邮箱532937056@qq.com。

编　者

2025 年 3 月

# 前　言

根据目前航空运输趋势，国际航空运输协会（IATA）预测2037年旅客空运数量将翻一番，达到82亿人次。同时，IATA分析指出，行业重心东移是旅客数量持续增长的原因。亚太地区将实现最大增长，其中超过一半的新乘客将来自亚太市场。波音公司发布的《2018—2037中国民用航空市场展望》中预测，这二十年内，中国将需要总价值达1.2万亿美元的新飞机以及1.5万亿美元的航空服务。

民航业作为一个高科技、高风险、高投入的行业，其用人标准相对于其他行业更加严格。民航从业人员必须具备更高的专业技能、安全技能和服务技能，其中民航客票销售岗位，职业技能更成为民航从业人员必备的职业技能之一。

本书注重提升职教适应性，服务经济社会发展。内容符合职业教育、高等教育、继续教育等阶段的专业教学和培训需求，更好地服务于国家发展战略。本书从民航售票岗位应掌握的基本技能出发，系统介绍了客票销售基础知识、国内旅客运价、订座及订座系统、旅客订座记录、电子客票销售实务、民航特殊旅客客票销售、电子客票退票与变更、旅客运送服务。

编者总结二十余年的企业与教学实践经验，并参阅大量培训教材及企业资料，编写了本书。本书体现了以职业活动为导向、以职业能力为核心的特点，可作为职业院校和普通高等院校航空服务、空中乘务、机场运行、民航运输等专业课程教材，也可作为航空公司、销售代理、电商营销等民航相关单位的培训教材。

本书由长沙航空职业技术学院何蕾主编，全书由何蕾负责统稿。本书具体编写分工如下：1.1节、第2章、3.2节、4.1节、4.3节、4.5节、4.6节、第5章、第8章由何蕾编写，6.1节、第7章由成都航空职业技术学院姚慧敏编写，1.2节、4.2节、

4.4 节由北京城市学院温俊编写，3.1 节由辽宁轻工职业学院刘晓畅编写，6.2 节由湖南都市职业学院李佳贝编写，全书每章的思考与练习及本书附录由何蕾编写整理。湖南航空资深专家雷凯先生通读了全书，并提供了宝贵建议。本书在编写过程中参考和借鉴了很多业内外人士的观点、研究成果和行业企业的操作标准与工作规范。在出版之际，谨向上述有关单位和个人表示衷心的感谢。

由于编者水平有限，书中难免存在疏漏与不足之处，恳请专家和读者批评指正。

本书配备电子课件、电子教案、课后习题答案、微课，可访问华信教育资源网免费获取。

编　　者

2024 年 12 月

# 目录

# 第 1 章　客票销售基础知识

## 学习目标

【知识目标】

（1）理解民用航空的定义、分类和特点。

（2）了解民用航空运输的特点。

（3）掌握航线的分类与构成形式。

（4）掌握航班的分类及航班号的含义。

（5）掌握航班班期时刻表的种类。

【能力目标】

（1）能区分航线和航班类别。

（2）能识别航班号的编排规则。

【素质目标】

（1）树立正确的信息价值观，坚定文化自信，塑造精益求精的工匠精神。

（2）注重信息安全、具有服务意识与信息素养。

（3）具有社会责任感和良好心理素质。

（4）具有良好职业道德与职业操守。

民用航空的定义和分类

## 1.1　民用航空的分类和特点

### 1.1.1　民用航空的定义

自 20 世纪 50 年代以来，民用航空的服务范围不断扩大，成为国家一个重要的经济部门。

民用航空是指使用各类航空器从事除国防、警察和海关等军事性质航空活动外的所有航空活动。这个定义明确了民用航空是航空业的一部分，以“使用”航空器界定了它和航空器制造业的界限，以“非军事”性质界定了它和军事航空的不同。

### 1.1.2　民用航空的分类

民用航空（简称民航）有两大组成部分，即商业航空和通用航空。

（1）商业航空也称航空运输，是指以航空器进行经营性的客货运输的航空活动。它的经营性表明这是一种商业活动，以盈利为目的。它又是运输活动，这种航空活动是交通运输的一个组成部门，与铁路、公路、水路和管道运输共同组成了国家的交通运输系统。由于它具有快速、安全、舒适和不受地形限制等一系列优点，商业航空在交通运输系统中占有独特的地位。

尽管航空运输在运输量方面和其他运输方式相比是较少的，但由于快速、远距离运输的能力及高效益，航空运输在总产值上的排名不断提升，主要表现在客货运输量的迅速增长，定期航线密布于世界各大洲。它促进了国内和国际贸易、旅游和各种交往活动的发展，而且在经济全球化的浪潮和国际交往中发挥着不可替代的、越来越重要的作用。

（2）民用航空中除去商业航空以外的部分统称通用航空。通用航空具有机动灵活、快速高效等特点，作业项目覆盖了农、林、牧、渔、工业、建筑、科研、交通、娱乐等多个行业。通用航空的具体内容包罗万象，我们熟知的通用航空有以下几种：航空摄影、医疗救护、气象探测、空中巡查、人工降水等。其他类型包括海洋监测、陆地及海上石油服务、飞机播种、空中施肥等。在一些航空发达的国家，通用航空的主要组成部分是政府机构和企业的公务飞行和通勤飞行，这是由于航空公司的定期航线不能满足这种分散的、定期和不定期的需要而兴起的飞行。

另外，公务飞机和私人飞机都属于通用航空。按照国际民航组织的分类，可以将通用航空划分为航空作业和其他类两部分。有些国家把航空作业单独作为一类航空，其他类统称通用航空。通用航空包含多项内容，范围十分广泛，可以大致分为下列几类。

①工业航空：包括使用航空器进行工矿业有关的各种活动，如航空摄影、航空遥感、航空物探、航空吊装、石油航空、航空环境监测等。在这些领域中利用了航空的优势，可以完成许多以前无法进行的工程，如海上采油，如果没有航空提供便利的交通和后勤服务，很难想象会出现这样一个行业。其他如航空探矿、航空摄影，使这些工作的进度加快了几十倍到上百倍（如图 1-1 所示）。

②农业航空：包括农、林、牧、渔等行业的航空服务活动。如森林防火、灭火、喷洒农药，其优势是其他方式无法比拟的（如图 1-2 所示）。

图 1-1　工业航空

图 1-2　农业航空

③航空科研和探险活动：包括新技术的验证、新飞机的试飞，以及利用航空器进行的气象天文观测和探险活动。

④飞行训练：除培养空军驾驶员外培养各类飞行人员的学校和俱乐部的飞行活动。

⑤航空体育运动：用各类航空器开展的体育活动（如图 1-3 所示），如跳伞、滑翔机、热气球及航空模型运动。

图 1-3 航空体育运动

⑥公务航空：大企业和政府高级行政人员用单位自备的航空器进行公务活动。跨国公司的出现和企业规模的扩大，使企业自备的公务飞机越来越多，公务航空成为通用航空中一个独立的部门。

⑦私人航空：私人拥有航空器进行航空活动。

通用航空在我国主要指前面 5 类，后两类在我国处于起步发展阶段，但在一些航空强国，公务航空和私人航空所使用的航空器占通用航空的绝大部分。

《通用航空经营许可管理规定》（中华人民共和国交通运输部令 2020 年第 18 号）经营性通用航空活动分为三类。

（一）载客类，是指通用航空企业使用符合民航局规定的民用航空器，从事旅客运输的经营性飞行服务活动。

（二）载人类，是指通用航空企业使用符合民航局规定的民用航空器，搭载除机组成员以及飞行活动必需人员以外的其他乘员，从事载客类以外的经营性飞行服务活动。

（三）其他类，是指通用航空企业使用符合民航局规定的民用航空器，从事载客类、载人类以外的经营性飞行服务活动。

载客类经营活动主要类型包括通用航空短途运输和通用航空包机飞行。载人类、其他类经营活动的主要类型由民航局另行规定。

### 1.1.3 民用航空运输的特点

民航业属于基础设施产业，主要特点有以下几方面。

#### 1. 快速性

速度快是航空运输最大的优势和最主要的特点。

当今国际市场竞争激烈，市场行情瞬息万变。由于航空运输具有比其他运输方式更快的特点，可以使商家更快抓住市场机会。同时，运送急救物资、精密仪器、贵重物品等，也可采用航空运输。目前，在我国进口商品中，采用航空运输的主要有电脑、精密部件、电子产品和其他精密度较高的高科技产品，出口商品主要有服装、海鲜产品、水果等。与地面运输相比，运程越长航空运输所节约的时间越多。

### 2．机动灵活

航空运输是由飞机在空中完成的运输服务，在两地之间只要有机场和必备的通信导航设施就可以开辟航线，与其他运输方式相比，不受地面条件的限制。飞机可按班期飞行，也可在非固定航线上飞行，并且可以根据客货运量的大小和流向调整航线和机型。航空运输的运输距离比其他运输方式要短，可在短时间内完成各种紧急任务。

### 3．安全舒适

现在大型客机飞行平稳，噪声小，客舱宽敞，多备有餐饮娱乐设施，舒适度高于其他运输设备。

### 4．国际性

航空运输已成为现代社会最重要的交通运输形式，成为国际政治往来和经济合作的纽带。国际化的目的是要使任何一位旅客、一件货物，能够随时从世界任何一地，方便、安全、迅速、经济、可靠地被运送到另一地。这是航空运输对国际交往和人类文明的一项重大贡献。这里既包括国际友好合作，也包含着国际激烈竞争，在服务、运价、技术协调、经营管理和法律法规等方面，都要受国际统一标准的制约和国际航空运输市场的影响。

### 5．准军事性

人类的航空活动首先投入军事领域，而后才转为民用。现代战争中制空权的掌握是取得战争主动地位的重要因素。因此很多国家在法律中规定，航空运输企业所拥有的机群和相关人员在平时服务于国民经济建设，作为军事后备力量，在战时或紧急状态时，军事部门可依据有关条例征用民航设施和人员，直至民航完全受军事部门指挥。

## 1.2　民用航空运输业务基础知识

### 1.2.1　航路

民航运输服务是航空器跨越天空在两个或多个机场之间的飞行。为了保障飞行安全，必须在机场之间的空中为飞行提供相对固定的飞行线路，使之具有一定的方位、高度和宽度，并且在沿线的地面设有无线电导航设施。这种经民航主管部门批准建立的一条由导航系统划定的空域（具有一定高度、宽度和方向）构成的空中通道，称为航路（Air Way）。在这个通道上，空中交通管理机构要提供必要的空中交通管制和航行情报服务。

划定航路是以连接各个地面导航设施的直线为航路中心线，在航路范围内规定有上限高度、下限高度和航路宽度。航路的宽度决定于飞机能保持按照指定航迹飞行的准确度、飞机飞越导航设施的准确度、飞机在不同高度和速度时的转弯半径，并保证必要的缓冲区，因此航路的宽度不是固定不变的。航路的宽度通常为 20km，其中心线距离两侧各 10km，如果航路的某段受条件限制，可以缩减宽度，但不得小于 8km，即中心线两侧各 4km。划定航路的目的是维护空中交通秩序，提高空间利用率，保证飞行安全。

### 1.2.2　航线

#### 1．定义

从事民航运输业务的承运人在获得经营许可证之后，可以在允许的一系列站点（城市）范围内提供航空客货邮运输服务。由这些站点形成的航空运输路线，称为航线（Air Route），即指经过批准开辟的连接两个或几个地点的航空交通线。航线由飞行的起点、经停点、终点、航路、机型等要素组成。民航飞机的航线除在未建立航路的地区外都是沿着航路飞行的。

#### 2．分类

按照起讫地点、经停地点的归属不同，航线可分为国际航线、国内航线和地区航线三大类。

（1）国际航线：指飞行的路线跨越本国国境、通达其他国家的航线。

（2）国内航线：指飞行的路线起讫点、经停点均在本国国境以内的航线。

国内航线又分为干线航线和支线航线。干线航线是指连接直辖市、各省会城市等国内运输中心之间的航线。这些航线的起讫点都是重要的交通中心城市，且航线上的航班数量较大，密度较高，客流量较大，如北京—上海、深圳—沈阳航线。支线航线是指把各中小城市和干线上的交通中心联系起来的航线，如成都—九寨沟、昆明—丽江航线。

（3）地区航线：指在一国之内，连接普通地区和特殊地区的航线。如中国内地各城市与香港、澳门之间的航空运输线。地区航线又称特殊管理的国内航线，目前很多航空公司在航线管理中已将它纳入国内航线管理范围。

另外，航线还可分为固定航线和临时航线，临时航线通常不得与航路、固定航线交叉或通过飞行频繁的机场上空。

#### 3．航线的构成形式

航班在怎样结构的航线网上运行是航空公司产品组合策略的重要前提。航线结构是指一个公司（或一个地区、一个国家）的航线组织和航班安排的形式。从目前航线网络的构成分析，可分为三种形式。

1）城市对式

城市对式是最早的一种航线网络结构形式，即两个城市间开通往返航班，把城市两两连接起来组成一个航线网络。优点是直飞航线，旅客不必中转，适用于客货流量较大的机场之间，是航线网络中最基本的单元结构，缺点是不能有效地组织和利用航路资源和乘客资源。

2）城市串式

城市串式结构的特点是一条航线由若干航段组成，航班在途中经停获得补充的客货源，以弥补起讫航站之间的运量不足。优点是航班在途中经停可获得补充的客货源，提高飞机的利用率、载运率和客座率，节省运力；缺点是容易造成航班延误和影响正常的运力调配。

3）中枢辐射式

中枢辐射式是以大城市为中心，大城市之间建立干线航线，同时以支线航线形成由大城市辐射至附近各小城市，以汇集和疏散旅客与货物。该航线网络的优点是能够使所有网络内的航站之间均可通航，增加了通航点，使大中小城市之间的空中联络更为通畅，能为旅客、货主提供更大的便利，并促使一些潜在的空运需求转化为现实需求。同时对于经停枢纽机场的旅客来说，在手续、费用等方面均为其带来实惠；对于中转枢纽机场的旅客来说，在时间、选择、服务等方面能保证满意度。航空公司也可以从中获得效益，如机型的选择，可以根据市场需求，选用更合适的机型，提高航空公司的运营效率，提高飞机客座率和载运率，降低运营成本，从而降低票价，进一步刺激市场需求。缺点是这种网络势必增加中转旅客的中转次数，在时间方面会影响旅客的选择。

### 1.2.3 航班

#### 1. 定义

按照民航局批准的民航运输飞行班期时刻表、使用指定的航空器、沿规定的航线在指定的起讫经停点停靠的客货邮运输飞行服务，称为航班（Flight Service）。

#### 2. 分类

按照运输飞行的去向，航班可分为去程航班和回程航班。去程航班是指从航空公司基地出发的飞行航班。回程航班是指回到航空公司基地的飞行航班。

按照民航运输飞行的时间规律，航班又可分为定期航班和不定期航班。定期航班是指按照公布的航班时刻表，按规定的航线、机型、日期、时刻运营的航班。定期航班是民航运输的基本形式，是航空公司赖以生存的主要生产方式。不定期航班通常是指航空公司根据运输需要提供的非规则性运行服务，如包机飞行。这类航班是根据运输需要和合同需要安排机型、时刻、航线及运价的。

### 1.2.4 班次

班次是指在单位时间内飞行的次数，通常以一周为标准来计算飞行的班次，班次是根据运量的需要和运输能力来确定的。

在航空公司航班运营中，班次的增加可以带来潜在旅客，因此，航空公司应该合理调配机型，增加航班班次以提高航线收益。

### 1.2.5 航班号

#### 1. 定义

为便于组织运输生产，每个航班都按一定规律以不同的号码以便于区别，这种号码称为航班号。

#### 2. 编排原则

（1）起讫站相同，路线不同，航班号不同；
（2）同一航线由两个以上航空公司同时承担航班任务，航班号不同；
（3）航线相同，机型不同，航班号不同；
（4）航线机型相同，飞行时刻不同，航班号不同。

#### 3. 国内航班号的编排

国内航班号一般由执行航班任务的航空公司两字英文代码和四个阿拉伯数字组成。第一个数字表示执行该航班任务的航空公司的数字代码，第二个数字表示该航班的终点站所属地区管理局或航空公司所在地的数字代码，第三、四个数字表示该航班的具体编号，单数表示去程，双数表示回程。但由于我国民航业快速发展，航班量的增加，造成航班号编排已不能满足需求，因此，目前各航空公司的编排并没有完全按照上述规则进行，相当多的航班号已经没有了规律。中国民用航空局于 2004 年发布了《中国民航航班号分配和使用方案》。

**扩展阅读**

**关于印发《中国民航航班号分配和使用方案》的通知**

民航各地区管理局，各航空运输、服务保障企业，各机场：

随着我国民航事业的快速发展和民航运输企业重组工作的完成，现行航班号的编制及使用方法已不能满足运输企业的需要，航班号数字重复使用的现象比较突出。为加强对航班号的使用管理，杜绝因航班号重复使用导致陆空通信误听等问题，结合民航的实际重新制定了《中国民航航班号分配和使用方案》。该方案从 2004 年至 2005 年冬春季航班换季时开始执行。

各航空公司编制新的航班号要遵循以下原则：

一、按照数字的顺序编制航班号。

二、编制国内航班号时，不得使用其他公司的航班号。

三、编制国际和地区航班号时，原则上按 3 位数字安排，如果 3 位数字不够，可以使用分配给本公司的 4 位数字航班号，但不能与本公司国内的航班号重复。

四、在编制加班、包机等临时飞行航班号时，应在分配给本公司航班号的数字范围内编排，但不得与当天的定期航班航班号重复。

五、7500、7600 和 7700 为陆空通信特殊情况话呼代码，不作为航班号使用。

六、001—100 作为专机和特殊任务使用的航班号，不予分配。

二〇〇四年六月十六日

### 1.2.6 班期时刻表

各航空公司的航线、航班及其班期和时刻等，按一定的顺序汇编成册，称为班期时刻表。班期时刻表是航空运输企业组织日常运输生产的依据，也是航空公司向社会各界宣布的航行宣传资料。

根据飞行季节的不同和客货流量、流向的客观规律，我国每年编制两次班期时刻表，分别为夏秋班期时刻表和冬春班期时刻表。在我国每年 4 月到 10 月使用夏秋班期时刻表，11 月到次年 3 月使用冬春班期时刻表。班期时刻表在执行前须提前两个月左右进入销售系统，在执行前一个月左右向社会公布。

应注意时刻表使用的时间是 1 天 24 小时制，即没有上下午之分，时钟由 0 时计算到 24 时，在有时差的地区，时刻表上所列的都是当地时间。

## 思考与练习 1

1．什么是民用航空？民用航空是如何分类的？

2．解释表 1-1 中各项内容的含义。

表 1-1　题 2 表

| 航班号 | 机型 | 起飞（时间） | 到达（时间） | 班期 |
|---|---|---|---|---|
| CA1351 | JET | 北京 07:50 | 广州 11:05 | 1234567 |
| CZ3196 | 320 | 北京 08:05 | 广州 10:55 | 246 |
| CA1321 | 762 | 北京 08:45 | 广州 11:30 | 1357 |
| HU7803 | JET | 北京 09:00 | 广州 11:50 | 14 |

# 第 2 章　国内旅客运价

国内旅客运价

## 学习目标

**【知识目标】**

（1）了解民航运价的定义、特点和发展历程。

（2）掌握民航运价的分类。

（3）了解国内旅客运价管理模式。

（4）了解国内旅客运价使用规则。

**【技能目标】**

能根据运价使用规则正确计算各种类型客票的票价。

**【素质目标】**

（1）树立正确的信息价值观，坚定文化自信，塑造精益求精的工匠精神。

（2）注重信息安全，具有服务意识与信息素养。

（3）具有社会责任感和良好的心理素质。

（4）具有良好的职业道德与职业操守。

## 2.1　民航运价

### 2.1.1　民航运价的定义

民航运价是指民航运输产品的价格，包括旅客运价（客票价）、货物运价、行李运价、邮件运价、包机运价等。

民航旅客运价是民航旅客运输劳务的销售价格，它是民航运输劳务价值的货币表现，是单位旅客在一定运输距离上的运输价格。旅客由始发机场至目的机场的航空运输价格，不包括机场与市区之间的地面运输费用，也不包括机场建设管理费，以及旅客购买其他付费服务、使用其他付费设施所需要的费用。

### 2.1.2　民航运价的特点

民航运价的特点是由航空运输行业的技术经济特性决定的，主要特点如下。

### 1. 运价与运输距离有密切关系

运价是以运输成本为主要依据的，运输成本是随着运输距离的远近而发生变化的，因此运价与运输距离有密切关系。

### 2. 运价只有销售价格一种形式

工业产品有出厂价格、批发价格、零售价格等。民航运价由于运输产品的生产与消费具有同时性，产品生产的过程就是其消费过程，所以运价只有销售价格一种形式，没有其他的中间价格。

### 3. 运输价格高

航空运输生产的耗费大，运输产品成本高，因此运输价格也高。这主要是因为飞机本身的价值高，其在运输生产过程中的价值转移也较高；航空运输工具的燃料消耗也比其他运输方式高几倍，甚至几十倍；服务设备及维修成本也较高。

## 2.2 国内旅客运价的发展

民航业属于传统自然垄断性行业，由于关系到国民生计和国家安全，其发展必然受到不同程度的限制。在计划经济体制下，我国政府对民航运价实行严格的政府限制，进行统一定价。进入 20 世纪 90 年代以后，伴随民航改革进程的不断推进，国家逐渐开始放松对民航运价的政府限制。

### 2.2.1 传统计划经济体制下的运价政策

1950 年，国家首次制定了国内航空运价，当时是根据经营成本并参照铁路、水路运价水平制定的。航空运价为沿铁路 0.20～0.24 元/客公里，不沿铁路为 0.31 元/客公里。

1952 年 8 月，国家再次调整旅客运价，每客公里由 0.24 元降到 0.18 元。

1955 年，国家重新制定运价，将沿铁路线的航线确定为 0.11 元/客公里，不沿铁路线的航线定为 0.27 元/客公里。之后，经过 1958 年、1964 年、1966 年和 1971 年等几次较大幅度下调，不计成本，不讲核算，使国内航线运价水平降到了沿铁路线为 0.05～0.06 元/客公里，仅为 20 世纪 50 年代初运价水平的 15%；不沿铁路线为 0.06～0.07 元/客公里，仅为 20 世纪 50 年代初运价水平的 18%。这种运价水平一直维持到 1984 年 8 月底。

这种过低的运价水平使民航企业连年亏损，运输生产只能依靠国家财政补贴，而且扩大了国内航线上外国旅客运价与国际航线运价间的差距，造成大批原在国外购买我国国际航线和国内航线联程客票的外国旅客，改为抵达我国后再购买国内航线机票，使国家蒙受了外汇和票价差额上的损失。

因此，1974 年 1 月 7 日，国家规定国内航线旅客运输实行两种票价制度：中国公民使用国内一类票价，即低水平票价；外籍旅客、华侨等使用国内二类票价，二类票价比一类票价高约一倍。

### 2.2.2　统一、调整票价时期的运价政策

1984 年 9 月 1 日，民航业实行统一运价，即取消一类票价，以二类票价（公布运价）为统一运价，同时对中国公民、华侨等实行折扣优惠，平均折扣率为 60%，折扣票价约合每客公里 0.08 元，比原定的一类票价略有提高，但并没有从根本上解决航空运价脱离成本的问题。

1986 年 4 月 1 日，由于人民币对外币汇率变动和内地至香港航线票价调整，广州至北京、天津、上海、杭州、昆明 5 条航线的公布运价平均上调 70%左右，同年 7 月 1 日，因汇率因素上述 5 条航线以外的其他国内航线公布运价上调 30%。这一年国内航线收入水平从 1985 年 1.0758 元/吨公里上升到 1.1204 元/吨公里。即使如此，民航业仍处于长期政策性亏损的状态。

1987 年 4 月 1 日，国内航线公布运价提高 30%，同年 6 月 15 日，折扣票价平均提高 25%。国内航线收入水平 1987 年达到 1.3322 元/客公里。

1988 年国内航线需求旺盛，运输紧张，从年初起国内主要运输干线出现了淡季不淡、旺季更旺的旅客拥挤状况。为了发挥运价的调节作用，从 7 月 20 日起取消北京至广州、广州至桂林等国内 56 条旅游热线折扣票价，实行中外旅客同价的政策，当时公布票价为 0.28 元/客公里。

1989 年国内航线运价调整了三次，其中两次调增，一次调减。1989 年 3 月 1 日，将国内旅游航线由原来的 56 条增加到 71 条。同年 9 月 5 日，将国内航线公布运价平均上调 14.8%，公布运价由 0.24 元/客公里调整为 0.28 元/客公里；折扣票价平均上调 77%，运价由 0.11 元/客公里调整为 0.20 元/客公里。

1990 年 4 月 15 日，因汇率变动，国内航线公布票价上调 14.5%，同时华侨等使用国内航线公布票价。这样，公布运价由 0.28 元/客公里调整为 0.32 元/客公里。国内航线收入水平达到 3.0242 元/客公里。

1991 年 2 月 10 日国内航线公布运价上调 10.6%，为 0.354 元/客公里，按当时人民币汇率 1 美元=5.22 元换算，折合 6.8 美分。

1992 年 4 月 1 日，为弥补汇率变动差额和计划外航空油料大幅度涨价，公布票价上调 16%，调至 0.41 元/客公里。同年 4 月 15 日，部分旅游热线折扣票价上调 10%，即由原来的 0.28 元/客公里调至 0.308 元/客公里。

1993 年 1 月 1 日，民航将公布票价上调 10%，同时允许上浮 10%，并从 6 月 25 日起对 114 条客座率过高的航线实行中外旅客同价。

1994 年 1 月 1 日起我国外汇汇率并轨，国内公布票价相应上调 46.5%，国内航线折扣票价平均上调 15%。

1995 年 7 月 1 日起，国内航线运价平均上调 15%，国内航线收入水平达到 5.7409 元/吨公里。

自此，1990 年至 1995 年间公布票价平均水平由 0.32 元/客公里调至 0.94 元/客公里，

上调 194%，年均上调 24%；折扣票价平均水平由 0.256 元/客公里调至 0.47 元/客公里，上调 84%，年均上调 13%。

1996 年国内航线多次调整运价，全年运价平均水平上升上 20%，国内航线收入水平达到 6.4712 元/吨公里。

1997 年 7 月 1 日起实行境内和境外旅客乘坐国内航班同价政策，即按 0.75 元/客公里购票。境内外旅客如在境外购买国内航线机票仍按公布票价购买。同年 11 月，民航局推出“一种票价、多种折扣”的票价改革政策，票价浮动幅度扩大至 40%，并试行多等级票价制度，机票打折的对象扩大至所有乘客。

### 2.2.3 “禁折”与航线联营时期的运价政策

“一种票价、多种折扣”政策实施的初衷，是为了给予航空公司一定的定价自主权，进一步改善经营管理，但是各航空公司为抢占市场份额，纷纷实行了低于成本的低价竞销政策，不少票价低于国家定价 30%～40%，有的甚至降至 50%以下。1998 年，民航业首次出现全行业亏损，当年亏损 35 亿元。为此，1998 年 5 月 8 日，民航局发文重申运价实行幅度管理，各航空公司票价最低只能打 8 折。

1999 年 1 月 25 日，原国家计委、民航局联合下发了《关于加强民航国内航线票价管理制止低价竞销行为的通知》，规定各航空公司票价按国家公布价销售，全国所有航线、所有航空公司一律不许打折，要求各航空公司销售国内航线客票，除国家特殊规定外，都必须按原国家计委、民航局印发的《国内航段旅客票价逾重行李运费表》中公布的价格销售，违规者将面临取消航班的严厉处罚。坚决制止价格竞销行为，规范价格秩序。

在统一限价的作用下，1999 年民航业扭转亏损，并实现行业盈利 7.9 亿元。2000 年 4 月 1 日，各航空公司在国内 108 条航线实行收入联营，加强航线管理，进一步规范市场，稳定票价。即由民航局组织航空公司协商签订联营协议，即多家航空公司共同经营共飞地竞争性航线，机票价格由航空公司共同制定，经民航局批准并备案，该航线机票以此标准结算，若要打折，必须与同盟公司一起联手。各航空公司的收入，按该公司投入在该航线上的运力比例进行再分配。

2001 年 3 月 8 日，民航局放松了北京到广州、深圳等 7 条航线的票价，票价实行多级舱位管理，明折明扣，最低可到 6 折。

2002 年 3 月 28 日，22 家航空公司续签联营协议，国内航线联营增至 113 条。目的是进一步加强宏观调控和市场监管，规范市场，稳定票价。

### 2.2.4 指导价格时期的运价政策

2003 年 1 月 23 日，民航局工作会议宣布，实施国内航空运价的改革方案，2004 年 3 月 17 日，国家发展和改革委员会公布了《民航国内航空运输价格改革方案》，对国内航空运价实行政府指导价，对空运基准价和浮动幅度间接管理，企业在政府规定的幅度内建立多级票价体系，并可根据市场供求情况实行差别票价。自此，航空公司对运价的制定有了较大的自主权。

根据《民航国内航空运输价格改革方案》规定，民航运价基准价由政府制定，主要考虑航空运输成本和旅客承受能力，确定按 0.75 元/客公里制定基准价，航空公司按全票价销售时，将有一定的盈利和自我发展能力，同时符合旅客承受能力。

## 2.3 国内旅客运价的种类

国内旅客运价依据服务等级、旅程方式和旅客类型等具体情况可以划分为不同的运价种类。

### 2.3.1 按服务等级

按照为旅客提供服务等级的不同，可以分为三种票价，即头等舱票价（F）、公务舱票价（C）、经济舱票价（Y）。

#### 1. 头等舱票价（F）

航空公司在有头等舱布局的飞机飞行的国内航班上，向旅客提供头等舱座位，头等舱座位较公务舱座位宽敞而舒适，每人免费行李的限额为 40kg，国内航线头等舱的票价是经济舱公布票价的 150%。

例 1：广州—北京航班，Y 舱票价 1700 元，则 F 舱票价为 1700×150%=2550 元。

#### 2. 公务舱票价（C）

航空公司在有公务舱布局的飞机飞行的国内航班上，向旅客提供公务舱座位，公务舱座位较头等舱窄，但比经济舱宽敞，每人免费行李限额为 30kg，国内航线公务舱的票价为经济舱正常票价的 130%。

例 2：广州—北京航班，Y 舱票价 1700 元，则 C 舱票价为 1700×130%=2210 元。

#### 3. 经济舱票价（Y）

航空公司在飞机飞行的国内航班上向旅客提供经济舱座位，每人免费行李限额为 20kg，正常票价以国家对外公布的直达票价为基础。

**资料阅读**

民航局、国家发展和改革委员会于 2010 年 4 月 13 日发布了《关于民航国内航线头等舱、公务舱票价有关问题的通知》。为适应国内航空运输市场发展，深化民航国内航空运输价格改革，充分发挥市场配置资源的基础性作用，民航局、国家发展和改革委员会研究决定，民航国内航线头等舱、公务舱票价实行市场调节价，由各运输航空公司自主定价。

一、自 2010 年 6 月 1 日起，民航国内航线头等舱、公务舱票价实行市场调节价，具体价格由各运输航空公司自行确定。价格种类、水平及适用条件（含头等舱和公务舱的座位数量、与经济舱的差异，以及相匹配的设施设备和服务标准等）提前30日通过航空价格信息系统报民航局和国家发展和改革委员会备案后，向社会公布执行。

二、各运输航空公司应合理确定民航国内航线头等舱、公务舱票价，努力改善经营管理，降低经营成本，为消费者提供质价相符的航空运输服务。

三、各级民航主管部门和价格主管部门要按照各自职责分工，加强对民航国内航线头等舱、公务舱票价的监管，维护正常的市场秩序，保护消费者的合法权益。

四、各运输航空公司必须严格遵守《价格法》《反垄断法》等有关法律、行政法规和政策的规定。对价格违法行为、价格垄断行为，政府价格主管部门应依法监督检查，并实施行政处罚。

五、执行过程中，如民航国内航线头等舱、公务舱票价水平出现剧烈波动等异常情况，可依据《价格法》进行价格临时干预。

### 2.3.2 按旅程方式

国内航线客票价按旅客不同的旅程方式分为单程票价、来回程票价和联程票价。

#### 1. 单程票价

单程票价也称直达票价。它适用于规定航线上的由甲地到乙地的航班运输服务，现行对外公布的国内航线客票价均为航空运输的直达票价。

例3：广州—北京现行的Y舱单程票价为1700元。

#### 2. 来回程票价

来回程由两个单程组成，一个是使用直达票价的去程，另一个是使用直达票价的回程。某些航空公司来回程票价在两个单程票价的基础上可享受一定的折扣。

例4：广州—北京Y舱来回程票价原价是1700×2=3400元，但航空公司规定如一次性购买来回程机票可减少5%的全票价，即去程1700×95%=1615元，进位后为1620元；回程1700×95%=1615元，进位后为1620元；总票款为3240元。

#### 3. 联程票价

联程运输指旅客的航程超过一个以上的航班，需在航班的中途站或终点站换乘另一个航班才能到达目的地。联程票价是将旅客所乘坐航段的票价相加得到的全程票价。

例5：旅客购买联程机票，海口—广州（700元），广州—宁波（1190元），宁波—北京（1180元）。旅客应支付联程票款为700 +1190+1180=3070元。

### 2.3.3 按旅客类型

#### 1. 婴儿票价

婴儿是指在乘机日年龄不满2周岁的人。其票价按适用成人票价的10%计算，不提供座位，如需要单独占用座位，应按适用成人票价的 50%购买儿童票。一名旅客所携带婴儿超过一名时，超过的人数应购买儿童票，提供座位。

例 6：广州—北京的 Y 舱成人票价为 1700 元，则相应航段的 Y 舱婴儿票价为 1700×10%=170 元，如一名旅客携带两名婴儿从广州飞往北京，只有一名婴儿可以购买 10%婴儿票价，另外一名婴儿则按儿童票价付费。

### 2. 儿童票价

儿童是指在乘机日年龄满 2 周岁但不满 12 周岁的人。其票价按适用成人票价的 50%计算，单独占用一个座位，享受与成人相同的免费行李额。

### 3. 团体旅客票价

团体旅客是指统一组织的人数在 10 人以上（含 10 人），航程、乘机日期、航班相同并支付相同团体票价的旅客。购买儿童、婴儿票价客票的旅客不计入团体人数，团体票价一般附有不得签转、出票时限等限制条件。

### 4. 军残票价

因公致残的现役军人和因公致残的人民警察，在乘坐国内航班时凭《革命伤残军人证》或《人民警察伤残抚恤证》，在规定的购票时限前，按正常票价的 50%计算票价，代理人销售此类客票需要得到航空公司的授权。

### 5. 教师、学生票价

教师和学生在寒暑假期间乘坐国内航班时，凭教师证和学生证，按正常票价的 60%和 50%计算票价，具体参见各航空公司的相关业务规定。

### 6. 包舱票价

在有小客舱的大型飞机飞行的国内航班上，可以向旅客提供包舱。人数以小客舱内的座位数为限。

包舱是根据旅客乘坐飞机的特殊需要，购票单位向航空公司以优惠价格包购飞机中某一客舱的全部座位。但旅客人数不得超过所包舱的总座位数。包舱运价等于包舱的座位总数乘以适用票价。旅客的免费行李总额等于适用舱位票价相应的免费行李额乘以包舱的座位数，而不是按照旅客的实际人数计算。

例 7：某团体共 110 人，包用飞机中 120 个座位的 B 舱，从上海至桂林，适用的 Y 舱票价为 1430 元（相当于公布运价的 8 折）。团体共付票款为 1430×120=171600 元；免费行李总额为 20kg×120=2400kg。

**资料阅读**

民航局于 2017 年 4 月 1 日发布了《关于进一步做好革命伤残军人和因公致残的人民警察优惠客票销售工作的通知》。

民航各地区管理局，各运输公司：

为保障革命伤残军人和因公致残的人民警察的合法权益，进一步做好革命伤残军人和因公致残的人民警察优惠客票销售工作，方便革命伤残军人和因公致残的人民警察购买优惠客票，现将有关事项通知如下：

革命伤残军人和因公致残的人民警察乘坐国内航班时实行优惠票价，具体优惠票价政策继续按照民航局和国家发展和改革委员会《关于国内航空运价管理有关问题的通知》（民航规财发[2004]51 号）和《关于明确儿童、婴儿以及革命伤残军人、因公致残的人民警察旅客票价等有关问题的通知》（民航发[2009]87 号）的有关规定执行。即革命伤残军人和因公致残的人民警察购买国内航班机票的票价，既可以按同一航班对应舱位成人普通票价的 50%计价，航空公司不得附加购票时限等限制性条件；也可以自愿选择购买航空公司在政府规定政策范围内确定并公布的其他种类票价，并执行相应的限制条件。

航空公司要进一步完善证件验证工作，在确保真实有效的前提下，满足革命伤残军人和因公致残的人民警察购票需求。航空公司要开放官网、直销柜台、销售代理人、OTA 平台等所有的销售渠道，不得对优惠客票的销售地点进行限制。

民航各地区管理局要加强对革命伤残军人和因公致残的人民警察优惠票价政策落实情况的监督检查，切实维护消费者的合法权益。

航空公司对儿童、婴儿以及革命伤残军人、因公致残的人民警察实行的票价优惠，具体办法由航空公司自行制定，提前 30 天通过航空价格信息系统报民航局、国家发展和改革委员会备案，并对外公布后执行。儿童、婴儿以及革命伤残军人、因公致残的人民警察乘坐国内航班，可以自愿选择购买航空公司在政府规定政策范围内确定并公布的其他种类票价，并执行相应的限制条件。

### 2.3.4 按折扣水平

#### 1．公布运价

我国航空公司对外公布的客运价是公布运价。适用于在国外购买国内航线机票的所有旅客，也称 A 类票价。

#### 2．免票、优惠票价

由承运人特殊批准的旅客，凭乘机优待证可以填开由承运人承运的免票、优惠票。例如，航空公司员工、销售代理人、民航局员工及协作单位员工因私或因公乘坐飞机，经航空公司批准，可享受半票、1/4 票或免票等优惠。

此外，在经济舱正常票价的基础上，对符合购票时限、旅客身份、航班时刻、季节浮动等限制条件的团体或个人旅客给予一定的优惠。各航空公司的优惠运价文件和限制条件有所不同。

## 2.3.5　税费

税费是政府或机场经营人等规定的对旅客或有旅客享用的任何服务或设施而征收的不包括在公布票价中的税款或费用，该项税款或费用应由旅客支付。

### 1．燃油附加费（YQ）

燃油附加费是航运公司和航空公司收取的反映燃料价格变化的附加费，该费用以运输每吨多少金额或以运费的百分比来表示。

为适当缓解油价大幅上涨给航空公司带来的成本增支压力，2000 年开始对国际航线征收燃油附加费，费用占机票全价的 10%～25%。理论上燃油附加费的收取应该覆盖航空公司航油成本上升的 70%，其余部分应由航空公司自行消化。航油是航空公司最大的成本消耗，占运营总成本的 40%左右。为进一步促进航空公司节能降耗，有序推进国内民航旅客票价改革，国家发展和改革委员会、民航局于 2015 年 3 月联合下发《关于调整民航国内航线旅客运输燃油附加费与航空煤油价格联动机制基础油价的通知》，明确自 2015 年 4 月 1 日起提高燃油附加费起征点。当国内航空煤油综合采购成本超过每吨 5000 元时，航空公司方可按照联动机制规定在票价外收取燃油附加费。即由现行每吨 4140 元提高到每吨 5000 元，航油出厂价格调整后各航空公司可按现行联动机制的规定，确定民航国内航线旅客运输燃油费。

根据通知，燃油附加费最高标准计算公式相应调整为：

800km（含）以下航线燃油附加费最高标准=燃油附加费单位收取率×（国内航空煤油综合采购成本-5000）×800

800km 以上航线燃油附加费最高标准=燃油附加费单位收取率×（国内航空煤油综合采购成本-5000）×1500。

机票价格竞争激烈，而燃油附加费是不受打折影响的纯收益，旱涝保收，航空公司肯定会按较高标准收取。针对航油价格的攀升，航空公司上调国内机票燃油附加费，不过国内机票燃油附加费并非与航油价格上调完全同步。

按规定享受国内民航成人普通票价 10%的婴儿，免收燃油附加费。按规定购买国内民航成人普通票价 50%的儿童（含无成人陪伴儿童）、革命伤残军人和因公致残的人民警察，燃油附加费按收取标准减半征收。计费单位为 10 元。

自 2018 年 12 月 5 日（出票日期）起，国内航线燃油附加费调整征收标准：成人旅客 800km 以上航段每位旅客收取 30 元燃油附加费，800km（含）以下航段每位旅客收取 10 元燃油附加费。

### 2．机场建设费（CN）

机场建设费是为筹集机场建设经费而设立的。机场的修建，在早期有民航系统投资和地方投资两种渠道，为了保证地方的投资回报，所以开征机场建设费。2012 年 4 月 17 日，财政部正式公布新的《民航发展基金征收使用管理暂行办法》，由此民航发展基金取代之前的机场建设费。收费标准不变。

在中国境内乘坐国内、国际和地区（香港、澳门和台湾）航班的旅客，以及在中国境内注册设立、使用中国航线资源从事客货运输业务的航空运输企业和从事公务飞行的通用航空企业，应当按照本办法规定缴纳民航发展基金。航空旅客按照以下标准缴纳民航发展基金：乘坐国内航班的旅客每人次 50 元；乘坐国际和地区航班出境的旅客每人次 90 元（含旅游发展基金 20 元）。符合下列条件之一的航空旅客免征民航发展基金：持外交护照乘坐国际及地区航班出境的旅客；年龄在 12 周岁以下（含 12 周岁）的乘机儿童；乘坐国内支线航班的旅客。

本《办法》所称国内支线航班，是指使用以下机型飞机执飞的航班：大篷车（机型代码 208）、DONIER328（机型代码 D38）、ATR-72（机型代码 AT7）、CRJ-200（机型代码 CRJ）、ERJ145（机型代码 ERJ）、新舟 60（机型代码 MA60）、运 12（机型代码 YN2）。上述机型如有更改，由中国民用航空局商财政部公布。

## 2.4 国内旅客运价的管理

### 2.4.1 概述

改革开放以来，我国民航运输业迅速发展，市场规模不断扩大，旅客构成发生了很大的变化，市场竞争日趋激烈，民航国内航空运价的管理经历了从政府严格管制到逐渐放松管制的反复探索过程，价格政策对促进民航运输业的持续快速发展起到了积极作用，为了促进民航运输业健康发展，国务院决定对民航体制进行改革。

国家发展和改革委员会、民航局于 2004 年发布《民航国内航空运输价格改革方案》，并于 2004 年 4 月 20 日起实施。

改革目标：建立适应社会主义市场经济体制要求，政府宏观调控、企业自主有限浮动、反映市场供求变化的客货运输价格形成体制。

改革的具体措施主要如下。

（1）国内航空运价以政府指导价为主，政府价格主管部门由核定航线具体票价的直接管理改为对航空运输基准价和浮动幅度的间接管理。国家发展和改革委员会会同民航局，依据航空运输的社会平均成本、市场供求状况、社会承受能力，确定国内航空客货运输基准价和浮动幅度。

（2）民航国内航空旅客运输票价以现行航空运输企业在境内销售执行的各航线公布票价为基准价（平均每客公里 0.75 元）。对方案执行过程中发现不合理的个别航线基准价，由民航局、国家发展和改革委员会进行适当调整。

（3）省、自治区内，以及直辖市内与相邻省、自治区、直辖市之间的短途航线，已经与其他替代运输方式形成竞争的，实行市场调节价，不规定票价浮动幅度。

（4）除规定航线外，民航国内航空旅客运输票价实行浮动幅度管理。

票价上浮幅度最高不得超过基准价的 25%。

票价下浮幅度，根据不同航线情况，按下列规定执行：

部分以旅游客源为主的航线票价下浮幅度不限，具体航线目录由民航局与国家发展和改革委员会规定，并通过航空价格信息系统对外公布。

航空运输企业独家经营的航线票价下浮幅度不限。

除上述实行市场调节价和票价下浮限度不限的航线外，其他国内航线票价下浮幅度最大不得超过基准价的 45%。少数航线因特殊情况需要突破票价统一浮动下限的，由有关航空公司报民航局、国家发展和改革委员会批准后执行。

（5）航空运输企业在政府规定的幅度内，自行制定具体票价种类、水平、使用条件，提前 30 天通过航空价格信息系统报民航局、国家发展和改革委员会备案，并对外公布后执行。

（6）对革命伤残军人和因公致残的人民警察继续实行优惠票价。

（7）各航空运输企业及其销售代理人销售机票时，必须严格按政府价格主管部门的有关规定实行明码标价。航空运输企业在制定或调整票价时，必须通过航空价格信息系统，按规定时限提前对外公布各种销售票价及适用条件。各销售网点，应利用与民航统一订座系统联网的售票终端等形式，向购票旅客及时、准确、全面地提供票源，以及各种折扣票价的适用条件和价格水平等信息。

各航空运输企业及其销售代理人销售机票时，必须按照实收票款金额填开机票，严禁虚开票面金额。

### 2.4.2 国内航空旅客运价基准价及浮动幅度的确定

#### 1. 国内航空旅客运价水平

1997 年，国内航空旅客运价并轨时规定境外销售公布运价（民航局后来确定为 A 票价）平均水平为 0.94 元/客公里（注：保持了 1995 年对外公布国内航线票价水平），境内销售折扣票价（民航局后来确定为 B 票价）平均水平为 0.75 元/客公里。

#### 2. 基准价的确定

取消现行境外销售公布 A 票价（平均水平 0.94 元/客公里），以现行境内公布销售 B 票价（平均水平 0.75 元/客公里）为基准价。

1998 年，国内航油价格与国际接轨。后因国际油价上涨，为减轻航油价格上涨对航空公司成本增支的压力，建立了民航票价与航油价格联动机制（航油价格每上浮或下浮 10%，民航票价上涨或下调 3%，俗称“燃油加价”）。

基准价的确定主要考虑以下三方面因素。

一是与航空公司成本相适应，保持行业有一定的盈利能力。2001 年国内航线客公里全部成本平均水平为 0.62 元/客公里，加上民航基础设施建设基金和营业税等因素后，为 0.68 元/客公里，与此阶段国内航线经营成本相适应。国内航线客公里全部成本加上税费后为 0.68 元/客公里，与此时票价平均水平 0.75 元/客公里之间有 10%左右的空间。按照成本加成定价法的含义，可以将这种价差视为毛利。将现行 0.75 元/客公里的国内航线票价水平确定为基准价，在理论上可以保证国内航空运输业有一定的盈利能力。

测算依据如下：

票价成本水平（亦称客公里平均成本）=座公里平均成本/客座率×（1+成本利润率）/（1-民航基金 5%）/（1-营业税及附加 3.3%） （公式 1）

有关计算：

座公里平均成本=（全行业国内航线总成本-国内航线货邮收入）/最大客运周转量 （公式 2）

根据公式 2，2001 年座公里平均成本= 0.41 元/座公里。

客座率：2001 年国内航线平均客座率为 60.8%。

成本利润率为-2.67%。

根据公式 1 可以得到：

2001 年票价成本水平=0.41/60.8%×97.33%/（1-5%）/（1-3.3%）≈0.714 元/客公里

二是适应我国消费者的购买能力和承受能力。如果 0.75 元/客公里票价水平提高到 0.94 元/客公里作为基准价，则意味着将国内票价水平提高 25%。这与国内消费者的购买能力和承受能力不相适应，从这几年航空运输市场价格状况的反映来看，也不符合民航实际。

三是减少震动。价格改革主要是对价格管理的模式和手段进行改革，不是调整价格。为使改革顺利进行，应减少震动。

#### 3．浮动幅度的制定

（1）上浮幅度。目前国内航空运价水平在世界范围内属较低水平，考虑国民经济的增长和国民消费水平的提高，应给予航空公司一定票价上浮权。票价上浮幅度最高不得超过基准价的 25%。

（2）下浮幅度。票价下浮幅度，根据不同航线情况，按下列规定执行。

部分以旅游客源为主的航线票价下浮幅度不限，具体航线目录由中国民用航空局商国家发展改革委规定，并通过航空价格信息系统对外公布。

航空运输企业独家经营的航线票价下浮幅度不限。

除上述实行市场调节价和票价下浮限度不限的航线外，其他国内航线票价下浮幅度最大不得超过基准价的 45%，少数航线因特殊情况需要突破票价统一浮动下限的，由有关航空运输企业报中国民用航空局商国家发展改革委批准后执行。

2004 年政府对票价的直接管理，改为对基准票价和浮动幅度（-45%至 25%）的间接管理。并率先取消了部分旅游航线和独飞航线的票价下浮幅度限制。

2013 年取消了对所有航线的票价下浮幅度限制。

2019 年 11 月 26 日，中国民用航空局发布了《关于印发实行市场调节价的国内航线目录的通知》，至 2019 年实行市场调节价的国内航线增至 1328 条（如表 2-1 所示）。

表 2-1　实行市场调节价的国内航线目录（部分）

| 序号 | 航段代码 | 航　段 | 序号 | 航段代码 | 航　段 |
|---|---|---|---|---|---|
| 1 | HMI-SHF | 哈密—石河子 | 39 | CAN-CGD | 广州—常德 |
| 2 | HMI-TCG | 哈密—塔城 | 40 | CAN-CGO | 广州—郑州 |
| 3 | HMI-TLQ | 哈密—吐鲁番 | 41 | CAN-CKG | 广州—重庆 |
| 4 | HMI-URC | 哈密—乌鲁木齐 | 42 | CAN-CSX | 广州—长沙 |
| 5 | HNY-HUZ | 衡阳—惠州 | 43 | CAN-CTU | 广州—成都 |
| 6 | HNY-KWE | 衡阳—贵阳 | 44 | CAN-FOC | 广州—福州 |
| 7 | HNY-NNG | 衡阳—南宁 | 45 | CAN-HAK | 广州—海口 |
| 8 | HNY-ZUH | 衡阳—珠海 | 46 | CAN-HFE | 广州—合肥 |
| 9 | HPG-WUH | 神农架—武汉 | 47 | CAN-HGH | 广州—杭州 |
| 10 | HRB-JGD | 哈尔滨—加格达奇 | 48 | CAN-HRB | 广州—哈尔滨 |
| 11 | HRB-JSJ | 哈尔滨—建三江 | 49 | CAN-INC | 广州—银川 |
| 12 | HRB-JXA | 哈尔滨—鸡西 | 50 | CAN-JGS | 广州—井冈山 |
| 13 | HRB-KHN | 哈尔滨—南昌 | 51 | CAN-JJN | 广州—泉州 |
| 14 | HRB-KMG | 哈尔滨—昆明 | 52 | CAN-KHN | 广州—南昌 |
| 15 | HRB-KWE | 哈尔滨—贵阳 | 53 | CAN-KMG | 广州—昆明 |
| 16 | HRB-KWL | 哈尔滨—桂林 | 54 | CAN-KOW | 广州—赣州 |
| 17 | HRB-LDS | 哈尔滨—伊春 | 55 | CAN-KWE | 广州—贵阳 |
| 18 | HRB-NBS | 哈尔滨—白山 | 56 | CAN-LHW | 广州—兰州 |
| 19 | HRB-NGB | 哈尔滨—宁波 | 57 | CAN-LJG | 广州—丽江 |
| 20 | HRB-NKG | 哈尔滨—南京 | 58 | CAN-LLB | 广州—荔波 |
| 21 | HRB-NNG | 哈尔滨—南宁 | 59 | CAN-MXZ | 广州—梅州 |
| 22 | HRB-OHE | 哈尔滨—漠河 | 60 | CAN-NGB | 广州—宁波 |
| 23 | HRB-PEK | 哈尔滨—北京 | 61 | CAN-NKG | 广州—南京 |
| 24 | HRB-SHA | 哈尔滨—上海 | 62 | CAN-NNG | 广州—南宁 |
| 25 | HRB-SIA | 哈尔滨—西安 | 63 | CAN-PEK | 广州—北京 |
| 26 | HRB-SJW | 哈尔滨—石家庄 | 64 | CAN-SHA | 广州—上海 |
| 27 | HRB-SYX | 哈尔滨—三亚 | 65 | CAN-SIA | 广州—西安 |
| 28 | HRB-SZX | 哈尔滨—深圳 | 66 | CAN-SQJ | 广州—三明 |
| 29 | HRB-TAO | 哈尔滨—青岛 | 67 | CAN-SWA | 广州—揭阳 |
| 30 | HRB-TGO | 哈尔滨—通辽 | 68 | CAN-SYX | 广州—三亚 |
| 31 | HRB-TNA | 哈尔滨—济南 | 69 | CAN-TAO | 广州—青岛 |
| 32 | HRB-TSN | 哈尔滨—天津 | 70 | CAN-TEN | 广州—铜仁 |
| 33 | HRB-TYN | 哈尔滨—太原 | 71 | CAN-TSN | 广州—天津 |
| 34 | HRB-WNZ | 哈尔滨—温州 | 72 | CAN-TXN | 广州—黄山 |
| 35 | HRB-WUH | 哈尔滨—武汉 | 73 | CAN-URC | 广州—乌鲁木齐 |
| 36 | HRB-XMN | 哈尔滨—厦门 | 74 | CAN-WNZ | 广州—温州 |
| 37 | HRB-YKH | 哈尔滨—营口 | 75 | CAN-WUH | 广州—武汉 |
| 38 | HRB-YNT | 哈尔滨—烟台 | 76 | CAN-WUS | 广州—武夷山 |

## 2.5　国内旅客运价的使用规则

客票价为旅客开始乘机之日适用的票价，客票售出后，如票价调整，票款不变动。例如，旅客于 3 月 29 日购买 4 月 3 日东方航空 5303 航班，Y 舱上海至广州客票一张，购买时票价为 1000 元。4 月 1 日起，票价调整为 1280 元，由于旅客在 3 月 29 日购票，所以该旅客在 4 月 3 日乘机时其票价不变动，不必补交票价差额。相反，如果 3 月 29 日旅客购票时价格为 1280 元，而 4 月 1 日后票价调整为 1000 元，票款也不变动。若旅客要求退回差价，处理时应先按自愿退票处理，后另按新票价重新购票，退票时应根据自愿退票的有关规定收取退票手续费。

国内旅客运价适用于直达航班运输。如果旅客要求经停或转乘其他承运人航班或交通工具时，除航空公司另有规定外，应按实际航程分段相加计算票价。

旅客要求在客舱躺卧或使用担架，应按照所占座位数或需要拆除的座位数计算运价。

旅客因放置自理行李而多占座位，应按照实际占用座位数计算票价。

使用特种票价的旅客，应当遵守该特种运价的运输条件，遵守关于付款的有关规定。

旅客按国家规定的货币和付款方式交付，除与航空公司另有协议外，票款一律现付。

客票价以人民币 10 元为计算单位，航空公司收取的如行李逾重等其他费用时，以人民币元为计算单位，尾数一律四舍五入。

政府主管部门或机场经营者规定的对旅客或由旅客享用的任何服务、设施而征收的税款或费用（如机场建设费、燃油附加费等），不包括在航空公司所公布的票价范围内。

## 思考与练习 2

1．旅客一行包括两名成人，并带 2 周岁以下婴儿 2 名，购买广州至成都机票，成人旅客享受 8 折优惠，广州—成都全票价为 1040 元，请计算票款。

2．一名持革命伤残军人证的旅客，和其妻子购买沈阳—上海机票，沈阳—上海全票价为 1300 元，旅客购票之日的最低折扣为 8 折，请计算票款。

3．一旅游团体按规定享受 6 折优惠票价，广州—昆明，其中成人 12 名、儿童 2 名、婴儿 1 名，广州—昆明全票价为 1260 元，请计算票款。

4．旅客一行包括 8 名成人和一名 9 岁儿童，购买北京—兰州机票，预订 B737 航班头等舱 10 个座位，北京—兰州全票价为 1070 元，请计算票款。

# 第 3 章　订座及订座系统

## 学习目标

【知识目标】

（1）了解民航订座系统的基本情况。

（2）熟悉订座的原则与订座流程。

（3）掌握民航订座系统进入与退出等相关指令格式及含义。

（4）掌握航班信息查询指令格式及含义。

（5）掌握民航订座系统其他公共信息查询指令格式及含义。

（6）了解销售情况统计相关指令格式及含义。

【技能目标】

（1）能使用 SI、DA、AN、SO、AO、AI 等指令完成订座系统的进入、退出、恢复、密码修改等操作。

（2）能使用 AV、FV、SK、FF、FD 等指令完成查询航班信息等操作。

（3）能使用 CNTD、CO、DATE、PN 等指令完成公用信息查询等操作。

（4）能使用 TOL、TN 等指令完成销售统计查询等操作。

【素质目标】

（1）培养专业严谨、认真细致的工作作风。

（2）具有诚实守信、善于沟通、富有爱心的职业素养。

（3）具有集体意识和团队合作意识。

订座系统概述

## 3.1　订座系统概述

### 3.1.1　订座的定义

订座是对旅客预订的座位、舱位等级或对行李的重量、体积的预留。旅客应该先订座后购票乘机。

旅客订座的途径主要有通过航空公司售票处、代理点、电话、网站等。

### 3.1.2　订座的原则与要求

（1）旅客订妥座位之后，凭订妥座位的客票乘机。不定期客票应向承运人订妥座位后方能使用。

（2）已经订妥的座位，旅客应在承运人规定的时限内购票，否则座位不予保留。如未在约定的时限内购票，所订座位将会被取消。

（3）接受旅客订座一般按照先后顺序办理，重要旅客及抢险救灾、抢救病危的旅客应优先安排。

（4）旅客预订联程航班座位，应根据各机场公布的航班、最短衔接时间的有关规定办理，避免错失衔接航班。联程航班衔接时间限制：一般情况下纯国内航班衔接不得少于 2h，特殊情况下可适当延长。例如，上海虹桥国际机场和上海浦东国际机场之间的航班衔接，考虑到地面交通的问题，一般需要延长至 3h。国际转国内或国内转国际航班衔接不得少于 3h，转换机场的时间将依据具体情况适当延长。

（5）旅客持有已订妥座位的联程或回程客票，如在该联程或回程地点停留 72h 以上，须在联程或回程航班离站前两天中午 12:00（含）以前，办理座位再证实手续，否则原订座位不予保留，如旅客到达联程或回程地点时间，离航班规定离站时间不超过 72h，则不需要办理座位再证实手续。

（6）承运人可在必要时暂停接受某一航班的订座。

（7）承运人应按旅客订妥的航班和舱位等级提供座位。

### 3.1.3　订座的流程

订座是民航运输服务的一项重要工作，航空公司售票处和客运销售代理是负责接受订座的部门，民航订座人员利用订座系统记录旅客订座要求，完成订座工作。

#### 1．销售准备

1）领取票证

领取空白电子客票行程单，国内客票变更单，旅客购票单，退票、误机、变更收费单等单据。与财务人员当面清点数量，核准后双方在票证登记本上签字。领取的票证须妥善保管、每日清点并做好交接工作，如有遗失，及时上报。

2）准备业务用品

准备好售票所需的工作用笔、订书机、复写纸、销售日报、营业用章、空白票证等业务用品。

3）测试订座计算机

进入订座系统，测试订座计算机、打票机及系统运行状况是否正常。

#### 2．售票开始

1）检查购票证件

接受旅客填写的订座单，检查是否按规定格式填写。检验旅客有效身份证件，核对旅客姓名、证件号码与订座单填写的是否相符。

2）接受订座

按旅客订座单上的航班、地点、日期，正确、完整地保存旅客订座记录。对重要旅客、无成人陪伴儿童、病残等特殊旅客须按航空公司的相关规定严格执行。

3）打印电子客票行程单

电子客票行程单应按顺序号使用，按照旅客订座记录的内容打印，打印后应与旅客订座记录（PNR）核对，每个电子票号只能打印一次行程单。

#### 3. 售票结束

收取票款，向旅客交代有关事项。

（1）将行程单交给旅客，请旅客看清行程单上记载的有关内容，并说明乘机日期、离站时间、机场名称、何时到机场办理乘机手续。

（2）告知旅客逾重行李费用、人身意外赔偿、保险等事项。

（3）如旅客搭乘的航班及规定离站时间与对外公布的班期时刻表有误差，应提醒旅客注意，以免误机。

（4）联程、中途分程或回程旅客，须办理座位再证实手续的，应告知其到联程、中途分程或回程站时，与航空公司联系办理座位再证实手续。

目前，电话、网络等渠道销售的客票，航空公司和代理人均以平台短信方式提醒旅客行程及乘机注意事项。

### 3.1.4　订座系统

订座系统包括编目航班控制系统（ICS）和代理人分销系统（CRS）。

#### 1. 计算机在民航订座系统中的应用

计算机在中国民航订座系统中的应用是从 1981 年开始的，首先应用的是销售业务部门。当时由于中国航空公司的国际航班要参与国际航空市场的激烈竞争，必须使用计算机，否则会处于不利竞争地位，因此，中国民航企业租用了美国亚特兰大的 GABRIEL 系统进行国际航班售票。1985 年，中国民航企业经国家有关部门批准，经过全面的选型和论证，投资新建了自己的订座系统，年底正式运行。1986 年开始，以北京为中心，向全国各地辐射售票网点。1989 年 10 月 27 日，将原 GABRIEL 系统成功转接到中国民航企业自己的系统中，从此真正建立起中国民航企业自己的、分布于全球的计算机订座系统。

1993 年，订座系统的功能得到了飞跃发展：自动出票系统全面投产。经过十几年的摸索、更新和升级，我国在 1995 年建成了民航卫星通信网，解决了困扰通信的“中枢神经”阻断问题。1996 年 1 月，中国民航企业建成了中国的代理人分销系统（CRS）。

#### 2. CRS 的主要特征

CRS（Computer Reservation System）即代理人分销系统。CRS 的主要功能是为代理人提供航班可利用情况查询、航段销售、订座记录、机上座位预订等服务。CRS 用于代理人分销业务开展的目的：一是为销售代理商提供全球航空航班的分销功能，二是为销售代理商提供非航空旅游产品的分销功能，三是为销售代理商提供准确的销售数据与相关辅助决策分析结果。

基于这些目的，从 CRS 的组成上看，它是一个覆盖广大地域范围的计算机网络，该网络主要有以下特征。

（1）实时性。网络上的终端从提交命令到得到应答，这段响应时间一般不超过 3s。

（2）不间断性。由于 CRS 覆盖的地域十分广，在全天任何时段内，系统网络上都有终端在工作，因此，在任何时间都不能中断系统运行。

（3）高可靠性。系统中的数据在任何意外情况下都不能被破坏，实行多套主机、随时备份等措施。

一方面，通过 CRS，分布于世界各地的销售代理商都可以使用网络的终端来出售座位及旅行产品；另一方面，航空公司通过将自己的营运数据投入 CRS 进行分享，可最大限度地销售自己的航班座位，同时通过有效的座位控制，可提高航班座位利用率和商业利益。

### 3．CRS 提供的服务

CRS 发展到今天，已经具备了非常完备的功能，包括中国民航航班座位分销服务、国外民航航班座位分销服务、BSP 自动出票系统服务、运价系统服务、机上座位预订服务、各类等级的国际航班分销服务、旅馆订房等非航空旅游产品分销服务、旅游信息查询系统服务、订座数据统计与辅助决策分析服务等。一般来说，CRS 的模式如图 3-1 所示。

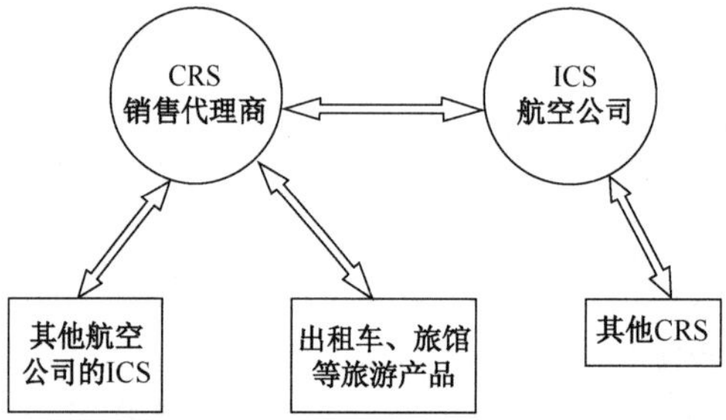


图 3-1　CRS 的模式

中国民航信息集团（简称中国航信）的 CRS 已发展成为服务于整个航空及旅游业的一个通用系统。除原有的航空运输业外，旅馆、租车、旅游公司、铁路公司、游轮公司等的产品分销功能也容纳到 CRS 中来，使中国航信的 CRS 能够提供一套完整的旅游服务。经过技术与商务的不断发展，中国航信的 CRS 将能够为旅客提供及时、准确、全面的信息服务，满足旅客在旅行中交通、住宿、娱乐、支付及其他后续服务的全面需求。

### 4．ICS

ICS（Inventory Control System，编目航班控制系统）是航空公司航班管理系统，为航空公司专用。ICS 是一个集中式、多航空公司的系统。每个航空公司享有自己独立的数据库、独立的用户群、独立的控制和管理方式，各种操作均可以加以个性化，包括航班班期、座位控制、运价及收益管理、航空联盟、销售控制参数等信息和一整套完备的订座功能引擎。

### 5. CRS 与 ICS 的关系

1）ICS 与 CRS 的区别

ICS 的服务对象为航空公司的航班与座位控制人员和航空公司市场与运营部门的管理人员。

CRS 的服务对象为从事订座业务的销售代理人员和航空公司中部分从事销售的人员。

CRS 如何销售航空公司的座位是由 CRS 与 ICS 的技术连接方式及商务协议决定的。

2）ICS 与 CRS 的联系（如图 3-2 所示）

（1）硬件、软件及其数据库相互独立，但紧密连接。

（2）数据传递实时进行。

（3）保证数据传输的准确性和匹配性。

（4）共享网络系统。

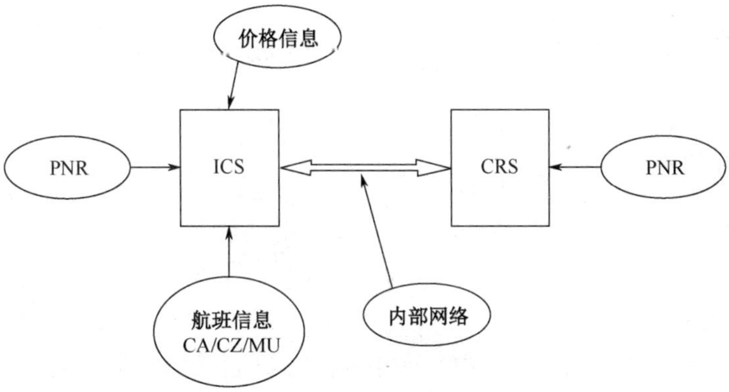


注：PNR 为旅客订座记录

图 3-2　ICS 与 CRS 的联系

3）CRS 与 ICS 之间的技术连接方式

CRS 与 ICS 之间存在不同等级的连接方式，CRS 内部也存在不同的连接等级，由此使得它们之间传递数据的时候有不同的影响。

ICS 加入 CRS 的协议等级主要有如下几种方式：无协议级、AVS 级、直接存取级、直接销售级（按由低到高顺序）。

（1）无协议级：CRS 无法知道 ICS 中的航班状况，只能通过拍发电报向 ICS 申请座位。

（2）AVS 级：CRS 根据 ICS 的 AVS 报（航班可利用状态报）修改系统中航班可利用状态信息，故 CRS 中航班座位状况（指令代号为 AV）显示的是 CRS 中的状态，而不是到 ICS 中直接提取的，这样，执行 AV 指令后显示的信息与 ICS 中不一致，即该显示信息不是实时、准确的，所以 CRS 中的订座有可能被拒绝。

（3）直接存取级（Direct Access）：CRS 通过 ICS 发来的电报或直接从 ICS 中存取信息得到准确的 ICS 座位可利用状态，据此订座，所订座位由 ICS 予以保证。

（4）直接销售级（Direct Sell）：CRS 通过 ICS 发来的电报或直接从 ICS 中存取信息得到准确的座位可利用信息，据此订座，每订一个新航段，CRS 都会将信息传给 ICS，ICS 根据当时航班的实际情况决定是否证实，一旦证实，ICS 会将此座位保留，等待 CRS 完成全部 PNR。因此直接销售不会造成超订。

中国 CRS 与 ICS 的技术连接方式是无缝存取级，它是直接销售级中的最高级别，也是世界上最先进的连接方式。

航空公司的座位管理人员借助于 ICS 与 CRS 的实时连接，可完成如下功能：各类 PNR 的提取，座位确认、取消，修改 PNR 中的航段；随时向 CRS 拍发航班状态更改电报；可针对 CRS 中的具体订座部门进行座位销售的分配与限制。

由于 CRS 可以与国外航空公司的 ICS 连接，而 ICS 也可同国际上的 CRS 连接，这样就可以将我国的航空市场推向世界，如图 3-3 所示。

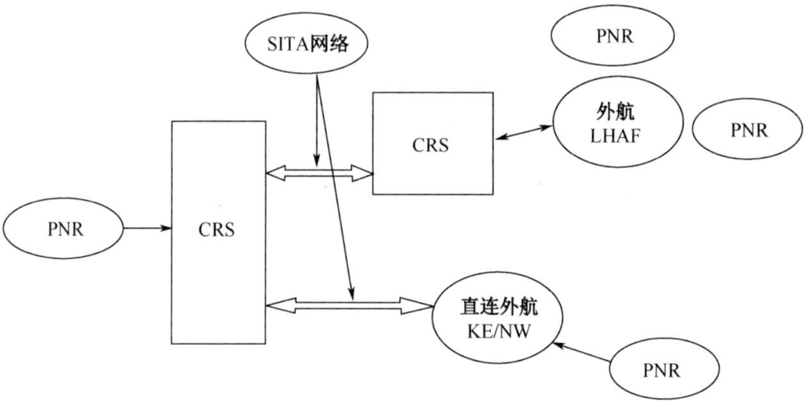


图 3-3　中国航信 CRS 与国外航空系统连接的系统格局图

### 6. 世界各大 CRS 名称及标识（如表 3-1 所示）

目前我国国内的外航服务公司使用比较普遍的是 GALILEO 和 AMADEUS 这两大计算机订座系统。

表 3-1　世界各大 CRS 名称及标识

| 国家及地区 | CRS 名称 | 标　识 | 国家及地区 | CRS 名称 | 标　识 |
|---|---|---|---|---|---|
| 美国 | SABRE | 1W | 东南亚 | AMADEUS | 1B |
| 美国 | WORLDSPAN | 1P | 日本 | INFINI | 1F |
| 美国 | GETS | 1X | 日本 | AXESS | 1J |
| 欧洲 | AMADEUS | 1A | 中国 | CRS | 1E |
| 欧美 | GALILEO | 1G | 韩国 | TOPAS | 1T |

系统常用指令介绍

# 3.2　系统常用指令介绍

## 3.2.1　系统的进入与退出

### 1．连接系统

eTerm 是中国民航计算机中心开发的通用网络前端平台，包含了不同的系统。登录 eTerm 后，默认进入 CRS，也可根据需要进入相应的系统。

输入：

```
>$$OPEN TIPC3 <XIMT>
```

系统显示如下：

```
>$$OPEN TIPC3
SESSION PATH OPEN TO: TIPC3
```

表示本台终端已经与 CRS 连接。

【说明】

（1）“>”在系统中是一个实心三角形，按 Esc 键会显示。“>”在 eTerm 中表示指令的开始。因此，在所有指令之前都必须有“>”。

（2）“C3”是将要进入的系统的名称。在 eTerm 中“C3”表示 CRS，输入“B”表示 ICS。

（3）“<XIMT>”是串键，按 F12 键或 Enter 键可调出指令。“<XIMT>”在 eTerm 中表示指令的结束，即执行。本书后续的指令格式将省略此符号，但在使用中需要此符号。

### 2．DA（配置显示）

DA 用于查看是否输入工作人员的工作号，以及本台终端的 PID。每次进入系统后，都定义了一个专属的编号，在 eTerm 账号建立时就定义好了，我们称为 PID，它说明了该设备在系统中的身份。

中国航信的工作人员要把代理人的信息建立在 CRS 中，如部门号，以及这个部门的终端 PID、打票机、工作人员的工作号、该代理人得到授权的航空公司等信息。一个代理人通常有一个部门（OFFICE）号，如 BJS191、DLC160，同一单位工作人员的 OFFICE 号相同，同一单位的 PID 号也属于一个 OFFICE。一个部门中可以有多台终端，而每台终端只能属于一个部门，同一个部门中的终端可以共享打票机，每台终端或打票机都有唯一的 PID。

指令格式：

```
>DA:
>DA:
```

系统显示：

```
        A       AVAIL
        B       AVAIL
```

```
        C       AVAIL
        D       AVAIL
        E       AVAIL
PID= 20200    HARDCOPY=1112
TIME=1815    DATE= 30OCT       HOST=RES SYS
AIRLINE=1E   SYSTEM=CAAC05   APPLICATION=1
```

【说明】

（1）A、B、C、D、E 表示工作区。“AVAIL”表示该工作区未激活，可用。

（2）PID：当前配置在系统中的设备号。每个 eTerm 账号进入系统后，都有一个固定的 PID。PID 是一个重要的参数，当终端不能工作时，维护人员经常要询问终端的 PID。

（3）HARDCOPY：当前 PID 相连的打票机设备号。一般定义 PID 为 1112，在用户需要使用自己的航信系统打票机配置时，才定义其他 PID。

（4）DA 中的其他内容可以忽略。

（5）系统中的月份代码见表 3-2。

表 3-2　系统中的月份代码

| 月　份 | 英文代码 | 月　份 | 英文代码 | 月　份 | 英文代码 |
|---|---|---|---|---|---|
| 1 月 | JAN | 5 月 | MAY | 9 月 | SEP |
| 2 月 | FEB | 6 月 | JUN | 10 月 | OCT |
| 3 月 | MAR | 7 月 | JUL | 11 月 | NOV |
| 4 月 | APR | 8 月 | AUG | 12 月 | DEC |

### 3. SI（输入工作号）

每个工作人员进入系统时都需要一个工作号，只有输入工作号才可以正常工作。每个工作号包括密码、级别等内容，而在输入自己的工作号时，系统提供了明行输入和暗行输入两种方式，其中暗行输入的方式可以保护自己的密码不泄露。

明行输入的指令格式：

```
>SI:工作号/密码/级别
```

【说明】

（1）所有工作人员的级别都是 41，一般可省略。

（2）工作号只能在本部门的终端上使用，申请 eTerm 账号时或之后由当地机构分配工作号。

（3）密码一般由四到六位数字加一位字母组成，如 12345A、1234B 是有效密码，而 123、123A、ABC、12BB、123W2E 不是有效密码。

（4）若正常进入，系统将显示系统注册公告信息，如：

```
PEK001   SIGNED IN A
```

暗行输入的指令格式：

```
>SI：<XIMT>
```

暗行输入时，光标会跳转到黑屏左下角，此时输入工作号与密码，屏幕上不会显示输入内容，即可进入系统。这是系统为工作人员提供的保密措施。

例 1：用 SI 输入工作号，再输入 DA 指令，查看工作区状态变化。

```
>SI: 5050A /123A/41
>DA:
```

系统显示：

```
A*      5050A30OCT1836    41  PEK001
        B       AVAIL
        C       AVAIL
        D       AVAIL
        E       AVAIL
PID= 20200    HARDCOPY=1112
TIME=1815    DATE= 30OCT      HOST=RES SYS
AIRLINE=1E   SYSTEM=CAAC05   APPLICATION=1
```

此时工作区“A”后面有一个“*”，且不再处于“AVAIL”状态，表示这个工作区被激活。其中，“5050A”为工作人员的工作号，“30OCT”和“1836”表示该工作人员输入工作号的日期和时间，“41”表示该工作人员的工作级别，“PEK001”表示该工作人员所在部门的部门号。

注意，一个 PID 中，只有一个工作区可以处于激活状态，这个可操作工作区后面会有一个“*”。

### 4. AN（修改密码）

工作人员在刚获得一个新的工作号时，密码基本都是初始密码。工作号是每个工作人员的工作凭证，系统会记录每个工作人员输入的所有信息。一旦业务操作出现问题，公司需要对其追究相应的责任。所以，每个工作人员需要保存好自己的密码，并定期或不定期地修改自己的密码，避免工作号被他人盗用。

指令格式：

```
>AN:旧密码/新密码
```

### 5. AO（临时退出）

在某些情况下，工作人员需要临时离开营业厅，但又不想把工作号从工作区退出，可用临时退出指令 AO。执行该指令后，工作人员不能够对终端进行预订、售票等操作。若要继续相应的工作，需要执行恢复临时退出指令 AI。

临时退出指令格式：

```
>AO
```

系统显示：

```
AGENT A—OUT
```

表示由 A 工作区退出。

例 2：输入临时退出指令 AO，对比执行 DA 指令后工作区状态的变化。

```
>AO:
```

系统显示：

```
AGENT A—OUT
```

执行 DA 指令：

```
>DA:
```

系统显示：

```
A       11111    26JUN   1534    41  PEK999
B       AVAIL
C       AVAIL
D       AVAIL
E       AVAIL
  PID= 20200    HARDCOPY=1112
  TIME=1947    DATE= 30OCT        HOST=RES SYS
  AIRLINE=1E   SYSTEM=CAAC05   APPLICATION=1
```

使用 AO 指令临时退出以后，A 工作区的活动标识“*”没有了，说明 A 工作区已由激活区变为非激活区。这时如进行航班查询等操作，系统会显示“PLEASE SIGN IN FIRST”，表示要求工作人员重新登录系统。

### 6. AI（恢复临时退出）

当工作人员在临时退出系统以后，需要重新进入系统。恢复临时退出指令格式：

```
>AI：工作区/工作号/密码
```

系统显示：

```
AGENT A-IN
```

表示 A 工作区已激活。

接上例，系统已临时退出，现工作人员欲重新进入系统，须键入如下指令：

```
>AI: A/11111/123A
>DA:
```

系统显示：

```
A *     11111    26JUN   1534    41  PEK999
B       AVAIL
C       AVAIL
D       AVAIL
E       AVAIL
PID= 20200    HARDCOPY=1112
TIME=1957    DATE= 30OCT        HOST=RES SYS
AIRLINE=1E   SYSTEM=CAAC05   APPLICATION=1
```

此时已进入临时退出的 A 工作区。

### 7. SO（退出系统）

为了防止工作号被他人盗用，当工作人员结束一天的正常工作时，需要将工作号退出系统。

指令格式：

```
>SO
```

若正常，系统显示：

```
PEK001 11111 SIGNED OUT A
```

表示 PEK001 工作号 11111 从 A 工作区退出（Signed Out），这时再查看 PID 的状态。

```
>DA:
        A       AVAIL
        B       AVAIL
        C       AVAIL
        D       AVAIL
        E       AVAIL
PID= 20200    HARDCOPY=1112
TIME=2047    DATE= 30OCT       HOST=RES SYS
AIRLINE=1E   SYSTEM=CAAC05   APPLICATION=1
```

【说明】

（1）工作号 11111 已从 A 工作区退出。

（2）退出时，如果系统显示其他内容，工作人员不能退出，表明该工作号在退出时有其他未完成工作，完成后才能退出。

常见出错信息提示如下。

PENDING：表示有未完成的 PNR，在退出前必须完成或放弃。

TICKET PRINTERIN USE：表示未退出打票机的控制，退出后即可。

QUE PENDING：表示未处理完信箱中的 QUEUE、QDE 或 QNE，可选择执行 QDE（放弃当前处理）或 QNE（结束当前处理）。

PROFILE PENDING：表示未处理完旅客的订座。

### 3.2.2 航班信息查询

#### 1. AV（查询航班座位可利用情况）

AV 指令用于查询航班座位可利用情况及相关航班信息，如航班号、舱位、起飞到达时间、经停点等，这是一个非常重要的指令。

指令格式：

```
>AV：选择项/城市对/日期/起飞时间/航空公司代码/经停标识/座位等级
```

【说明】

① 选择项。

P：显示结果按照起飞时间先后顺序排列。

A：显示结果按照到达时间先后顺序排列。

E：显示结果按照飞行时间由短到长排列。

默认为 P。

② 日期。

日期缺省：默认当天。

+：表示明天。

-：表示昨天。

③ 经停标识。

D：直达。

N：无经停。

④ 城市对为必选项，其余为可选项。

AV 指令的常用格式如下。

（1）指定日期的航班座位信息查询。

例 3：查询 15OCT 的 PEK 到 SHA 航班座位可利用情况。

```
    >AV:PEKSHA/15OCT

    15OCT  (TUE) PEKSHA
1-  CA921   PEKSHA 0800 0955   777 0   M   DS# CS DS YS SS BS HS KS LS MS TS*
2   CA929   PEKSHA 0830 1030   744 0   M   DS# FS AS CS DS YS SS BS HS KS LS*
3   CA1501  PEKSHA 0840 1035   767 0   M   DS# CA DA YA BA KA MA ZA VA
4   MU513   PEKSHA 1050 1235   320 0   M   DS# FA PA CA JA YA KA BA EA HA IA*
5   MU583   PEKSHA 1140 1335   M11 0^  M   DS# FS CA DA YA EQ VA QA ZS
6   CA934   PEKSHA 1305 1500   74E 0   M   DS# FS AS CS DS YS SS HS KS MS TS*
7+  CA985   PEKSHA 1410 1610   74E 0   M   DS# FS AS PS CS DS JS YS SS HS KS*
    **    SHA-HONGQIAO AIRPORT  PVG-PUDONG AIRPORT
```

【说明】

该说明仅对指令输入后的显示结果进行说明，不包括键入指令一行。以下示例的说明同样适用。

第 1 行：15OCT （TUE）PEKSHA 表示日期（星期）航段。

第 1 列：1～7 表示航班序号。

第 2 列：航班号，若带“*”表示该航班为代码共享航班。

第 3 列：PEKSHA 表示起飞、到达城市。

第 4～5 列：起飞时间，到达时间。

第 6 列：执行该航班的机型。

第 7 列：经停点，“0”代表无经停，“1”代表有一个经停点。

第 8 列：座位预留标示，若带“^”表示有机上预留座位。

第 9 列：餐食标示。

第 10 列：航空公司与 CRS 之间的连接协议级别。在不同的协议级别下，获取座位的方式不同，“DS#”是最高的协议级别，若显示“AS#”表示近期有航班变更。

第 11～20 列：航班座位可利用情况。由舱位等级代码和对应舱位座位情况代码两部分组成。

舱位等级：基础等级为 F、C、Y。F 为头等舱，A/O 为头等舱的子等级，C 为公务舱，Y 为经济舱，S/B/H/K/L/M/T 为经济舱的子等级。子等级舱位就是在此基础等级的折扣舱位。

对应舱位座位情况如下。

A：有 9 个以上座位。

1～9：有 1～9 个座位，这种情况下系统显示具体的可利用座位数。

L：没有可利用座位，但旅客可以候补。

Q：永久申请状态，没有可利用座位，但可以申请（HN）。

S：因达到限制销售数而没有可利用座位，但可以候补。

C：该等级彻底关闭，不允许候补或申请。

X：该等级取消，不允许候补或申请。

Z：座位可利用情况不明，这种情况有可能在外航航班上出现。

第 21 列："*"表示还有其他子舱位未显示完全，若要继续查询，可以输入指令">AV:C/航班序号"，或者输入指令">AV:航班号/日期"。

（2）指定日期及航空公司的航班座位信息查询。

例 4：显示 16OCT 北京到广州的国航航班的座位可利用情况。

```
    >AV:PEKCAN/16OCT/CA

    16OCT (MON) PEKCAN CA
1-  CA1321  PEKCAN 0915   1205   763 0 M      DS# FA AA DA YA BA KA MA ZA VA
2+  CA1301  PEKCAN 1450   1745   767 0 M      DS# CA DA YA BA KA MA ZA VA
```

【说明】

AV 指令加上航空公司代码，计算机系统便会将该航空公司航班信息显示出来。

（3）指定日期的某一时间之后的航班座位信息查询。

例 5：显示 14DEC 上午 11 点以后上海到成都的航班座位可利用情况。

```
    >AV:SHACTU/14DEC/1100

    14DEC (FRI) SHACTU
1-  SZ4502  SHACTU 1040   1315   757 0        DS# F8 YA IQ DQ KQ HQ GQ MA ZS
2   SZ4516  SHACTU 1505   1745   340 0        DS# FA YA IQ DQ KQ HQ GQ MA ZS
3   3U562   SHACTU 1700   1935   321 0 M      DS# FA YA WS LS RS HS GS MS KS TA*
4+  SZ4520  SHACTU 1640   2025   737 1        DS# YA IQ DQ KQ HQ GQ MA Z5
```

【说明】

序号为 4 的航班 SZ4520 有一个经停点，若要查询经停点，可使用指令 FF 继续查询：

```
    >FF:SZ4520/14DEC
```

（4）指定日期的某一时间之后某航空公司的航班座位信息查询。

例 6：显示 10DEC 上午 11 点以后上海到成都的深圳航空公司航班座位可利用情况。

```
    >AV:SHACTU/10DEC/1100/SZ

    10DEC (FRI) SHACTU VIA SZ
1-  SZ4502  SHACTU 1040   1315   757 0        DS# F8 YA IQ DQ KQ HQ GQ MA ZS
2   SZ4516  SHACTU 1505   1745   340 0        DS# FA YA IQ DQ KQ HQ GQ MA ZS
3+  SZ4520  SHACTU 1640   2025   737 1        DS# YA IQ DQ KQ HQ GQ MA Z5
```

（5）显示指定日期某航班的所有舱位座位信息。

例 7：显示 4 月 5 日 CA983 航班所有舱位座位信息。

```
    >AV:CA983/5APR

    AV:CA 983 /05 APR
    PEK F7 AS PS CA DS JS Y8 SS HS KS MS TS GS XS QS ZS VS WL
    SHA FA AS P6 CA DS JS YA SA HA KA MA TA GS XS QA ZS VS WL
    LAX
```

【说明】

在这种显示方式下不能通过 SD 指令直接订座，可以通过 SS 指令建立航段组。

（6）显示指定日期飞行时间最短的航班。

例 8：旅客购买 12 月 15 日北京至广州航班，要求飞行时间最短。

```
    >AV:E/PEKCAN/15DEC

    15DEC (WED) PEKCAN
1   CA1309  PEKCAN  1750  2035 777 0 M  S# CA DS YA BS KS MA ZS VS
2   CZ3104  PEKCAN  1530  1820 777 0 M  DS# CA I2 YA TQ KQ HS MS UA EA XS*
3   CZ3102  PEKCAN  1210  1505 777 0 M  DS# CA I2 YA TQ KQ HS MS US EA XS*
4   CA1301  PEKCAN  1450  1745 744 0 M  DS# FA AS CA DS YA BS KS MA ZS VS
5   CZ346   PEKCAN  1300  1600 77B 0 M  DS# CA DS PS WS IS YL TQ KQ HL ML*
6   CZ3110  PEKCAN  1830  2130 777 0 M  DS# CA I3 YA TQ KQ HS MS UA EA XS*
7   CZ3108  PEKCAN  1730  2035 757 0 M  DS# C5 I2 YA TQ KQ HS MS UA EA XS*
8+  H4270   PEKCAN  1345  1830 737 1    DS# C8 YA WS U2 ZS

    >AV:PEKCAN/15DEC

    01DEC (WED) PEKCAN
1   CZ3102  PEKCAN  1210  1505 777 0 M  DS# CA I2 YA TQ KQ HS MS US EA XS*
2   CZ346   PEKCAN  1300  1600 77B 0 M  DS# CA DS PS WS IS YL TQ KQ HL ML*
3   CA1301  PEKCAN  1450  1745 744 0 M  DS# FA AS CA DS YA BS KS MA ZS VS
4   CZ3104  PEKCAN  1530  1820 777 0 M  DS# CA I2 YA TQ KQ HS MS UA EA XS*
5   CZ3108  PEKCAN  1730  2035 757 0 M  DS# C5 I2 YA TQ KQ HS MS UA EA XS*
6   CA1309  PEKCAN  1750  2035 777 0 M  DS# CA DS YA BS KS MA ZS VS
7   CZ3110  PEKCAN  1830  2130 777 0 M  DS# CA I3 YA TQ KQ HS MS UA EA XS*
8+  H4270   PEKCAN  1345  1830 737 1    DS# C8 YA WS U2 ZS
```

【说明】

正常的 AV 指令显示是按照航班起飞的时间顺序排列的，并优先显示直达航班。

AV:E 指令显示是按照飞行时间由短到长顺序排列的，若飞行时间相同，则起飞时间在前的航班排在前面。

（7）显示指定日期直达航班。

例 9：显示北京到法兰克福 12 月 1 日的直达航班。

```
    >AV:PEKFRA/1DEC/D

    01DEC (WED) PEKFRA       DIRECT ONLY
1   LH721   PEKFRA 1120   1430   747 0 M   AB* FZ CZ DZ HZ BZ LZ GZ YZ TZ WZ
2+  CA931   PEKFRA 1345   1640   74E 0 M   DS# FA AS CA DS YA SA HA KA MA TA*
```

（8）显示指定日期无经停的航班信息。

例 10：显示 12 月 4 日上海到法兰克福无经停的航班信息。

```
    > AV:SHAFRA/4DEC/N

    04DEC (SAT) SHAFRA       NON-STOPS ONLY
```

```
1+  LH729   PVGFRA 1415   1845   747 0 M   AB* FZ CZ DZ HZ BZ LZ GZ YZ TZ WZ
```

对比：

```
    >AV:SHAFRA/4DEC

    04DEC (SAT) SHAFRA
1-  LH729    PVGFRA   1415   1845   747 0 M   AB* FZ CZ DZ HZ BZ LZ GZ YZ TZ WZ
2   CA931    SHAFRA   0925   1640   74E 1 M   DS# F7 AS CA DS YA SA HA KA MA TA*
3   MU5143   SHAPEK   0825   1025   AB6 0 M   DS# FA YA EQ VA WS QA ZA
+   CA931    FRA      1345   1640   74E 0 M   DS# FA AS CA DS YA SA HA KA MA TA*
```

### 2. FV（显示最早可利用航班）

FV 指令提供了最早有座位的航班信息，执行它的显示内容与执行 AV 指令的显示内容相似。它会对选定日期以后的航班进行检索，直到找到最早可提供座位的航班。该指令只能查询中国民航航班信息。

指令格式：

```
    >FV:选择项/城市对/日期/起飞时间/座位数/航空公司/舱位
```

【说明】

（1）座位数：航班可销售座位数，需要与舱位对应。

（2）城市对为必选项，其余为可选项。

例 11：显示从北京到上海 10 月 21 日 11:00 左右 F 舱最早有 5 个座位的中国国际航空公司（简称国航）的航班。

```
    >FV:PEKSHA/21OCT/1100/5/CA/F

    21OCT (WED) PEKSHA VIA CA F
1   CA932   PEKSHA 1150   1330   744 0 M    DS# FA CA YA SA HA KA MA TA QA
    **   SHA-HONGQIAO AIRPORT  PVG-PUDONG AIRPORT
```

对比：PEKSHA 21OCT 航班可利用信息。

```
    >AV:PEKSHA/21OCT

    21OCT (WED) PEKSHA
1-  CA949    PEKSHA   0750   0945   74E  0  M   DS# FL CL YL SL HL KL ML TL QL
2   CA921    PEKSHA   0800   0950   763  0  M   DS# FL CL YL SL BL HL KL LL ML TL*
3   CA1501   PEKSHA   0840   1035   767  0  M   DS# CL YL BL KL
4   CA155    PEKSHA   1010   1200   733  0  M   DS# FL YL SL BL HL KL LL ML TL GL*
5   MU513    PEKSHA   1045   1240   M90  0  M   DS# FL PL CL JL Y7 KS BS ES HS IS*
6   MU583    PEKSHA   1140   1335   AB6  0  M   DS# FA YA EQ VA
7   CA932    PEKSHA   1150   1330   744  0  M   DS# FA C5 YA SA HA KA MA TA QA
    **   SHA-HONGQIAO AIRPORT  PVG-PUDONG AIRPORT
```

### 3. SK（显示航班时刻）

SK 指令可以查询一城市对在特定周期内所有航班的信息，包括航班号、出发到达时间、舱位、机型、周期和有效期限。

指令格式：

```
>SK：选择项/城市对/日期/时间/航空公司代码/舱位
```

【说明】

（1）SK 指令所显示出的航班信息的时间段为指定时间和前后三天共一周的时间。

（2）可选项有以下几种。

A：显示结果按照到达时间先后顺序排列。

E：显示结果按照飞行时间由短到长排列。

默认为 A。

例 12：查询 15OCT 前后三天北京到南宁的航班时刻。

```
    >SK: PEKNNG /15OCT

     12OCT (MON) /18OCT (SUN) PEKNNG
1   X2157   PEKNNG 1325   1635   737 0 M     E  X5    07SEP24OCT   FYBHKLMNTV
2   X2157   PEKNNG 1325   1635   737 0 M     5        18SEP23OCT   YBHKLMNTV
3   4G860   PEKNNG 1540   1900   733 0 M     2        06OCT20OCT   YNMKHG
4   CZ361   PEKNNG 1550   1900   733 0 M     14       21SEP        YKMGZ
5+  4G852   PEKNNG 1630   1930   733 0 M     7        04OCT18OCT   YNMKHGT
```

【说明】

第 1 行：所查询的时间范围。

第 10 列：班期。123 表示每周只有星期一、二、三有该航班。X123 表示除星期一、二、三没有该航班外，其余时间均有。若无任何显示，表示从周一到周日，都有该航班。例如，序号 1 的航班，X5 表示除星期五外每天都有该航班。

第 11 列：该航班的有效期，07SEP24OCT 是该航班执行的周期。

第 12 列：该航班能提供的舱位。

### 4．FF（显示航班经停点、起降时间和机型）

FF 指令用于查询航班的经停城市、起降时间和机型。在只知道航班号，想了解行程时，国内航空公司可通过 FF 指令查找。

指令格式：

```
>FF：航班号/ 日期
```

例 13：查询 01DEC 的 CA8888 航班。

```
>FF: CA8888/01DEC

PEK          1340    777
SFO   0852   1050    319
LAX   1209
```

【说明】

第 1 行：第一出港地、起飞时间、机型。

第 2 行：第二出港地、到达时间、起飞时间、机型。

第 3 行：目的地、到达时间。

### 5. FD（查询国内票价）

FD 指令可以查询国内航空公司的国内票价。查询国际票价需要用其他指令，如 QTE 和 XS FSD 等指令。

指令格式 1：

```
>FD：城市对/日期/航空公司代码
```

指令格式 2：在已有的 AV 指令中查询票价。

```
>FD：序号
```

例 14：查询从北京到上海国航当前的票价。

```
>FD:PEKSHA/./CA

 FD:PEKSHA/14FEB00/CA
CA FA          1710.00        3420.00        01JUL97        CNY
CA CA          1480.00        2960.00        01JUL97        CNY
CA YA          1140.00        2280.00        01JUL97        CNY
CA FB          1350.00        2700.00        01JUL97        CNY
CA CB          1170.00        2340.00        01JUL97        CNY
CA YB           900.00        1800.00        01JUL97        CNY
```

【说明】

票价与时间有着密切的关系。不同时期，票价也会不同。

第 1 行：重复查询条件。

第 2 行：CA 为航空公司代码，FA 为运价等级代码，后面是单程价格和往返程价格，01JUL97 即生效日期。

例 15：在 AV 指令中查询序号为 1 的航班票价。

```
    >FD：  AV：PEKCSX

    27FEB（TUE）PEKCSX
1-  CZ2117  PEKCSX 0830  1035  733 0  M  DS# FA YA BQ KQ TQ VQ
2   XW117   PEKCSX 0830  1035  737 0     YZ
3   CZ3124  PEKCSX 1115  1330  735 0  M  DS# YA TQ KQ HS MS UA ES XS Z5
4   CZ3142  PEKCSX 1710  1920  735 0  M  DS# YA TQ KQ HS MS US ES XS ZS
5   CJ6712  PEKCSX 1750  1955  M82 0     DS# F6 YA
6+  CZ3148  PEKCSX 1800  1950  735 0  M  DS# YA TQ KQ HA M5 UA E5 XS Z2
```

查询 CZ2117 的票价，则输入：

```
>FD:1

FD:PEKCSX/15FEB00/X2
X2 YA          1350.00        2700.00        01JUL97        CNY
X2 YB           970.00        1940.00        01JUL97        CNY
X2 FA          2020.00        4040.00        06SEP97        CNY
X2 FB          1450.00        2900.00        06SEP97        CNY
X2 B            870.00        1740.00        23MAR98        CNY
```

出错信息提示：

```
AIRLINE
```

查询票价时，应加上航空公司代码。

### 3.2.3　公用信息

#### 1．CNTD（查询国家/城市/机场/航空公司信息）

使用 AV 指令查询航班信息一般需要知道城市或机场的三字代码，同时也需要知道航班所属航空公司。在系统中，有关国家、城市、机场、航空公司的信息查询可以用 CNTD、CD、CN 等指令来实现。

1）根据国家两字代码查询国家全称

指令格式：

```
>CNTD:C/国家两字代码
```

例 16：查询 LB 是哪个国家。

输入：

```
>CNTD:C/LB

LB/LBN LEBANON
```

【说明】

两字代码 LB 的国家全称为 LEBANON。

2）根据国家全称查询国家两字代码

指令格式：

```
>CNTD:N/国家名称
```

例 17：查询中国 CHINA 的两字代码。

输入：

```
>CNTD: N/CHINA

CN/CHN    CHINA    中国
```

【说明】

中国 CHINA 的两字代码为 CN。

3）根据城市名称查询城市、机场三字代码

指令格式：

```
>CNTD:T/城市名称
```

例 18：查询烟台的三字代码。

输入：

```
>CNTD: T/YANTAI

CODEAIRPORT NAMECITY NAME COUNTRY
YNTLAISHAN AIRPORTYANTAICN
```

【说明】

YNT 为烟台的三字代码。

LAISHAN AIRPORT 为烟台莱山机场。

CN 为中国两字代码。

4）根据城市、机场三字代码查询城市

指令格式：

```
>CD:三字代码
```

例 19：查询 TAO 是哪个城市的三字代码。

输入：

```
>CD:TAO

TAO,TAO/LA,QINGDAO AIRPORT, QINGDAO,CN,Z0,N36:06.0,E120:19.0
```

【说明】

TAO 为机场三字代码。

TAO/LA 中的 TAO 为城市三字代码。

TAO/LA 中的 LA 表示唯一一个机场。

QINGDAO AIRPORT 为机场名称。

QINGDAO 为城市名称。

CN 为国家两字代码。

Z0 表示（本国）时区。

N36:06.0,E120:19.0 表示经纬度。

5）根据航空公司名称查询两字代码

指令格式：

```
>CNTD:M/航空公司名称
```

例 20：查询 AIR CHINA 的两字代码。

输入：

```
>CNTD:M/AIR CHINA

CA      AIR CHINA                    中国国际航空公司
```

【说明】

AIR CHINA 的两字代码是 CA，中文名称为中国国际航空公司。

6）根据航空公司两字代码查询名称

指令格式：

```
>CNTD:D/航空公司两字代码
```

例 21：查询 CA 是哪家航空公司。

输入：

```
>CNTD:D/CA

CA      AIR CHINA                    中国国际航空公司
```

【说明】

两字代码为 CA 的航空公司全称为 AIR CHINA，中文名称为中国国际航空公司。

## 2. CO（计算功能）

在客票销售中，往往需要工作人员计算相关票款，因此，系统提供了多种计算功能。

1）四则运算

指令格式：

```
>CO:四则运算表达式
```

例 22：输入

```
>CO:200+100

        = 300.0000
```

例 23：输入

```
>CO:200-100

        = 100.0000
```

例 24：输入

```
>CO:100*4

        = 400.0000
```

例 25：输入

```
>CO:100/4

        = 25.0000
```

2）时差计算

（1）计算两城市间的时差。

指令格式：

```
>CO:T/城市对
```

例 26：输入

```
>CO:T/PEKNYC

            PEK:10OCT98 1613 NYC:10OCT98 0313
            GMT:10OCT98 0813 TIM DIF:13
```

【说明】

北京时间为 10OCT98 16:13。

纽约时间为 10OCT98 03:13。

格林尼治时间（G.M.T.）为 10 OCT 98 08:13。

北京与纽约时差为 13h，即北京比纽约早 13h。

（2）用于显示某城市的 G.M.T.时间。

指令格式：

```
>CO:T/城市代码/日期/时间
```

例 27：输入

```
>CO:T/PEK/1JAN99/0000

PEK:01JAN990000
```

```
GMT:31DEC981600
```

【说明】

北京时间 1999 年 1 月 1 日零时的 G.M.T.时间是 1998 年 12 月 31 日 16 点。

3）英里/公里换算

（1）公里换算成英里。

指令格式：

```
>CO:K/公里数
```

例 28：将 15km 换算成英里，输入：

```
>CO:K/15

KM: 15                          MILE: 9
```

【说明】

15km 换算成英里为 9mile。

（2）英里换算成公里。

指令格式：

```
>CO:M/英里数
```

例 29：将 15mile 换算成公里，输入：

```
>CO:M/15

KM: 24                          MILE: 15
```

【说明】

15mile 换算成公里为 24km。

### 3. DATE（查询日期/时间）

1）日期显示

指令格式：

```
>DATE:日期/天数/天数…
```

缺省日期将默认显示当前日期。

例 30：显示当前、六天后、九十天后、一天前的日期。

```
>DATE:/6/90/-1

-1    16FEB00      MON
+0    17FEB00      THU
+6    23FEB00      WED
+90   17MAY00      WED
```

【说明】

-1：前一天日期与星期。

+0：当前日期与星期。

+6：六天后日期与星期。

+90：九十天后日期与星期。

2）时间查询与对比显示

指令格式：

```
>TIME：城市/日期/时间/城市
```

缺省时间将默认显示当前时间。

例 31：北京时间 2000 年 1 月 1 日零点的 NYC 和 SFO 时间。

```
>TIME:1JAN00/0000/NYC/SFO

-TIME:1JAN00/0000/NYC/SFO
                PEK         NYC         SFO
TIME DIFF       0.0         -13.0       -16.0
12HR LOCAL      12:00M      11:00A (-1) 08:00A (-1)
24HR LOCAL      0000        1100 (-1)   0800 (-1)
DATE            01JAN       31DEC       31DEC
UTC  (GMT)      1600        1600        1600
UTC +/-         8.0         -5.0        -8.0
```

【说明】

显示时将 PEK/NYC/SFO 在北京时间 1JAN00 零点的当地时间分别列举出来。

第 1 行：指定本地城市为 PEK，对比城市为 NYC/SFO。

第 2 行：标明城市列。

第 3 行：与指定的本地城市时间差。

第 4 行：12 小时制城市当地时间。

第 5 行：24 小时制城市当地时间。

第 6 行：城市当地日期。

第 7 行：格林尼治时间。

第 8 行：格林尼治时间差。

### 4．PN（页面显示功能）

在系统使用过程中，不可避免地会出现显示内容多于一页的情况，系统提供了显示当前页、下一页、最前页、最后页、重新显示当前页等功能。

PN：下一页。

PB：上一页。

PF：最前页。

PL：最后页。

PG：重新显示当前页。

指令格式：

```
>PN:（或 PB:，PF:，PL:，PG:）
```

或全屏显示：

```
>PN:1 （或 PB:1，PF:1，PL:1，PG:1）
```

例 32：在 YI 功能（公用信息）中显示所有内容。

```
>GI:

YI: GENERAL INFORMATION INDEX                    -PH:
```

```
        1.  MHOTEL                      2.  SHOTEL/CITY
        3.  HOTEL/!/9999                4.  MAIRFARE
        5.  SAIRFARE/AIRLINE            6.  MAIRAGRE
        7.  SAIRAGRE/AIRLINE            8.  MITPHON
        9.  SITPHON/CITY                10.  MAIRPHON
        11.  SAIRPHON/AIRLINE           12.  MCAAC
        13.  SCAAC/AREA                 14.  MAPTPHON
        15.  SAPTPHON/AREA              16.  MCITY
        17.  SCITY/COUNTRY              18.  SITAFARE/INFO
        19.  MTKTINFO                   20.  CA/INFO
        21.  CZ/INFO                    22.  MU/INFO              +
```

在本页最后一行后面，有一个“+”号，它表示显示内容有续页。

显示下一页，输入：

```
>PN:

YI:GENERAL INFORMATION INDEX                -PH:
                                                            -
   23.  SZ/INFO                     24.  MINTTEL
   25.  SINTTEL/PART                26.  MDOMTEL
   27.  SDOMTEL/CITY                28.  SDTRVL/PROVC
   29.  MDTRVL                      30.  MDAGENCY
   31.  MSEATCTL                    32.  SDAGENCY/CITY
   33.  DAGENCY/!/9999              34.  MITRVL
   35.  CITY/CITY                   36.  SITRVL/CITY
   37.  MCRDCARD                    38.  SCRDCARD/CITY
   39.  CARD/!/9999                 40.  MTRAIN
   41.  STRAIN/CITY                 42.  MFDSHOP
   43.  SFDSHOP/CITY                44.  3U/INFO              +
```

【说明】

在本页显示中，发现除本页右下角的“+”号外，右上角多了个“-”号，它表示在本页前还有显示内容。从本页的“+”“-”号可以看出，本页是显示内容的中间页。

### 3.2.4　销售统计指令

工作人员在客票预订销售前，需要对票号进行相关的管理，并了解前一天的销售情况以及对当天的工作进行相关的统计。

#### 1. TOL（查询票证信息）

TOL 指令是票证管理系统中的报表统计查询指令，用户可以用它查看本单位的票号库存和使用情况。

指令格式：

```
>TOL:[选项]/[航空公司代码]
```

【说明】

1）选项

TOL 指令根据不同的选项显示不同信息。

A：显示所有的票证信息。

D：显示票证的卸票历史信息。

不加选项时默认显示本单位（Office）中已经使用和当前正在使用的票证。

2）航空公司代码

可以输入航空公司两位代码或 BSP 电子客票两位代码 XB。

## 2. TN（打票机输入票号）

工作人员在销售客票时，首先需要了解该部门的票号情况。票号不足会影响日常销售，此时需要工作人员给打票机上票。

指令格式：

```
>TN:打票机序号 X/起始票号-结束票号后 5 位
```

【说明】

（1）所输入票号必须是在前述可利用的票号段之内（用 TOL 指令查询）。一次上票的票号最多不得超过 500 个。

（2）电子客票上票必须遵循如下原则：先分配的票号优先使用，在上一原则基础上序列号小的票号优先使用。

（3）打票机上的客票用完后，控制终端会收到“票证用完”的消息，即在票号用完之后会提示 DEVICE-XXOOS，需要再次输入票号。XX 代表打票机序号，OOS 意思是 OUT OF STOCK。

（4）如果分配的某票号段全部用完，系统定期会将用完的票号段存入历史记录，用户再执行 TOL 指令时将不会看见该票号段。

（5）该指令要求在监控终端上完成。

（6）上票前要求打票机的 OUTPUT 必须是 INACTIVE，否则系统会提示 ACTIVE。

（7）打票机输入票号以后，可以用 DI 指令查看打票机的上票结果，上票结果如图 3-4 所示。

图 3-4　上票结果

### 3．TN（打票机卸票）

TN 指令不仅能够给打票机上票，还可以给打票机卸票。

指令格式：

```
>TN:打票机序号 D
```

【说明】

（1）该指令要求在监控终端上完成。

（2）卸票前要求打票机的 OUTPUT 必须是 INACTIVE，否则系统会提示 ACTIVE。

## 思考与练习 3

### 一、思考题

1．简述 CRS 与 ICS 的区别和联系。

2．输入以下指令，比较说明系统显示内容的差别。

（1）>AV: PEKSHA

（2）>AV: PEKSHA/+

（3）>AV: PEKSHA/+2

（4）>AV: PEKSHA/15NOV

（5）>AV: PEKSHA/15NOV/1200

（6）>AV: PEKSHA/15NOV/1200/CA

（7）>AV: PEKSHA/15NOV/1200/CA/D

（8）>AV: PEKSHA/15NOV/1200/CA/N

（9）>AV: RA/15NOV

3．输入以下指令，比较说明系统显示内容的差别。

（1）>SK：PEKNNG/15OCT

（2）>SK：PEKSHA

（3）>SK：CAN/20NOV

（4）>SK：SHACTU/15OCT/MU

（5）>SK：PEKCSX/14OCT/F

（6）>SK：PEKSHA/MU/F

（7）>SK：PEKCAN/20DEC/1100/CA

（8）>SK：PEKCDG/10OCT/D

（9）>SK：PEKNRT/20OCT/N

4．根据显示内容回答问题。

```
A       1111    26JUN   1534    41  SZX 999
B       4778    26JUN   1534    82  SZX 999
C       AVAIL
```

```
            D       AVAIL
            E       AVAIL
    PID=4215HARDCOPY=1189
    TIME=1607DATE=26JUNHOST=CAAC/A
    AIRLINE=ZHSYSTEM=D280A1APPLICATION=1
```

（1）要显示以上信息应输入什么操作指令？终端号是什么？

（2）当前是否有工作号处于工作状态？

（3）该指令显示的当前日期、航空公司、工作号的工作级别及所在的部门号是什么？

5．根据显示内容回答问题。

```
    15OCT(MON)SYXSHA
1-CA1352     SYXSHA 0800 1100 767  0^S E DS# FA AA OA YA BS MS HS KS LS QS*
2*FM9854     SYXSHA 0800 1100 767  0^S E DS# FA YA BS LS MS TS HS VS
3 CA1322     SYXSHA 0900 1205 777  0^S E DS# F5 AA OA CA DA ZS IA RS YA BS*
4 CZ3107     SYXSHA 0915 1220 77A  0^L E AS# FA PA Y6 TQ KA HQ MQ GQ SQ LQ*
5+*MU7115    SYXSHA 0915 1220 77A  0^L E AS# FA CC YA BQ HQ LQ MQ RQ SQ VQ*
```

（1）CZ3107 航班的航程、起飞时间、到达时间、执行该航班飞行任务的机型是什么？

（2）该航班中途有几个经停点？说明座位可利用情况。

## 二、实操练习

要求：根据以下信息在终端上完成操作。

（1）查询 9 月 12 日昆明至深圳的航班信息。

（2）查询 12 月 12 日成都至天津飞行时间最短的航班信息。

（3）查询 12 月 15 日长沙至北京的中国南方航空（简称南航）航班信息。

（4）查询 4 月 20 日深圳至哈尔滨的深圳航空（简称深航）航班信息。

（5）查询 7 月 25 日武汉至广州直达航班信息。

（6）查询 8 月 18 日西安至重庆无经停航班信息。

（7）查询 11 月 11 日南京至贵阳飞行时间最短的航班信息。

（8）查询 4 月 20 日深圳至哈尔滨的深航航班信息。

（9）查询 5 月 25 日大连至成都的航班信息。

（10）查询 2 月 12 日海口至杭州的航班信息。

（11）显示 7 月 10 日北京至昆明的航班时刻。

（12）显示 12 月 10 日北京至深圳的航班时刻。

（13）按飞行时间由短到长顺序显示 12 月 10 日北京至成都的航班。

（14）查询 6 月 10 日 CZ331 航班信息。

（15）查询 6 月 10 日海口至北京航班的所有票价。

（16）在已有 AV 指令中查询票价。

（17）查询 10 月 10 日北京至上海 F 舱最早有 5 个座位的航班。

（18）国家全称为 FRANCE，查询其两字代码。

（19）国家两字代码为 GB，查询国家全称。

（20）查询 FRA、SYD、SEL、RIO 的城市名称。

（21）查询 CGQ、DYG、KMG、TSN 的城市名称。

（22）查询 CHINA AIRLINES、BRITISH AIRWAYS 的两字代码。

（23）查询两字代码为 CX、LH、MF、3U 的航空公司全称。

（24）计算 1050 与 9 的乘积。

（25）计算 14640 除以 4 的商。

（26）计算 5590 和 330 的和。

（27）计算 3360 与 180 的差。

（28）计算北京与法兰克福的时差。

（29）将 890 英里换算成公里。

（30）将 2290 公里换算成英里。

（31）查询 7 月 18 日 30 天、45 天、57 天以后的具体日期。

（32）查询 3 月 17 日 18:00 广州的时间并与悉尼、东京进行对比。

# 第 4 章　旅客订座记录

## 学习目标

**【知识目标】**

（1）了解旅客订座记录的含义及组成。

（2）掌握旅客订座记录中姓名、航段、联系、出票等项目组的指令格式及含义。

（3）掌握旅客订座记录中特殊服务、其他服务、备注、自动建立运价、签注等项目组的指令格式及含义。

（4）掌握旅客订座记录的处理指令格式及含义。

（5）掌握建立团体旅客订座记录的指令格式及含义。

**【技能目标】**

（1）能使用 NM、SS、SD、SA、SN、CT、TK 等指令完成建立 PNR 基本项的操作。

（2）能使用 SSR、OSI、RMK、PAT、EI、TC 等指令完成建立 PNR 其他项的操作。

（3）能使用@、IG 等指令完成 PNR 生效和还原的操作。

（4）能使用 RT、XE 等指令完成 PNR 提取、修改和取消的操作。

（5）能使用 CS、SP 等指令完成 PNR 调整的操作。

（6）能使用 GN 等指令完成建立团体 PNR 的操作。

（7）能为儿童、婴儿旅客订座，并申请特殊服务。

（8）能为常旅客和重要旅客订座，并添加其他服务信息。

（9）能根据旅客要求建立完整订座记录。

**【素质目标】**

（1）培养专业严谨、认真细致的工作作风。

（2）诚实守信、善于沟通、富有爱心的职业素养。

（3）具有集体意识和团队合作品质。

旅客订座记录简介

## 4.1　旅客订座记录的定义和构成

### 4.1.1　旅客订座记录的定义

旅客订座记录（Passenger Name Record，PNR）用来记录旅客的旅行需要，包括处理订座和得到控制的所有必要信息，如旅客姓名、人数、旅行地点、时间、承运人、联系方式等。同时，它也是一个基本记录，各部门可以从中获得其他相关信息，如航班配餐需要量、机场各种登机清单、特殊处理的需求等。

旅客订座记录最主要的作用是订座，还可以打票、建立常旅客信息、订旅馆，以及记录其他旅客相关信息。

### 4.1.2　旅客订座记录的构成

旅客订座记录的构成主要如下：

| | |
|---|---|
| 姓名组 | NM　（GN） |
| 航段组 | SS、SD、SA、SN |
| 联系组 | CT |
| 出票组 | TK |
| 备注组 | RMK |
| 特殊服务组 | SSR |
| 其他服务信息组 | OSI |
| 票价组 | FN |
| 票价计算组 | FC |
| 付款方式组 | FP |
| 旅游代码组 | TC |
| 签注信息组 | EI |
| 婴儿姓名组 | XN |

## 4.2　PNR 基本项的建立

PNR 包括基本项和其他项，建立好基本项后，就可以在计算机订座系统中生成记录了，即生成一个有效的 PNR。

### 4.2.1　NM（姓名组）

姓名组是组成 PNR 必不可少的组项，它记录了旅客姓名、所订座位数、称谓、特殊旅客代码等内容。

指令格式：

```
>NM:该姓名的订座总数/旅客姓名（特殊旅客代码）
```

【说明】

（1）姓名组由英文字母或汉字组成。

（2）若输入英文字母的姓名，姓与名之间须用“/”分开（中文姓名无此限制），每个旅客姓名最多只能有 1 个“/”。

（3）旅客姓名最多为 55 个字符。

（4）PNR 封口之后，旅客名单按照姓氏的字母顺序排列。

（5）散客记录最大旅客数为 9 人，旅客数大于 9 人的记录为团体旅客记录。

在工作人员输入姓名时，常见的情况有以下几种，分别举例说明。

例 1：英文（拼音）姓名的输入（一般外籍旅客购票时会用到）。

为 REINHARD/HAETTI、STEFAN/PLETZER、ZHU/QI 三名旅客建立姓名组。

```
>NM: 1ZHU/QI 1REINHARD/HAETTI 1STEFAN/PLETZER

2. REINHARD/HAETTI 3.STEFAN/PLETZER 1.ZHU/QI
4. BJS123
```

【说明】

输出的顺序是按照姓氏的字母顺序排列的。

例 2：相同姓氏旅客姓名的输入。

为 REINHARD/HAETTI、REINHARD/PLETZER 建立姓名组。

此时有两种输入方式，第一种：

```
>NM:1REINHARD/HAETTI 1REINHARD/PLETZER
```

第二种：

```
>NM:2REINHARD/HAETTI/PLETZER
```

两种输入方式，输出的结果是相同的。

```
1. REINHARD/HAETTI 2.REINHARD/PLETZER
3. BJS123
```

【说明】

（1）第二种输入方式中的“2”是指姓氏相同的旅客数。

（2）第二种输入方式只适用于英文姓名，不适用于中文姓名。

（3）封口以后的姓名顺序会按照姓氏的字母顺序排列，即 REINHARD/HAETTI 是 1 号，REINHARD/PLETZER 是 2 号。

例 3：中文姓名的输入。

为王晓璐、李明明、张家豪建立姓名组。

```
>NM:1 王晓璐 1 李明明 1 张家豪

2 李明明 1 王晓璐 3 张家豪
4. BJS123
```

【说明】

（1）出国内客票时，国内旅客要输入其中文姓名。

（2）出国际客票时，必须输入英文字母。

（3）输入旅客姓名时，要保证姓名的准确，部分航空公司禁止修改旅客姓名。

（4）提取中文姓名旅客时，要输入汉语拼音。

例 4：无人陪伴儿童姓名的输入。

为一个 6 岁的无人陪伴儿童建立姓名组。

```
>NM:1 王娇（UM6）
```

```
1.王娇（UM6）
2.BJS/T PEK/T 010-63-6973/SHIPU TRAVE AGECY/LIU DE PU ABCDEFG
3.SSR UMNR YY NN1 UM6/P1
4.BJS123
```

【说明】

（1）序号 1：UM 是无人陪伴儿童的英文缩写，6 是儿童年龄。

（2）序号 2：订座系统的联系组。该项显示的是代理人的联系信息，由订座系统根据单位配置进行设置，由系统自动生成。

（3）序号 3：SSR（特殊服务组）由系统自动产生，用来通知航空公司无人陪伴儿童的情况。PNR 建立以后，SSR 将自动加入工作人员所建立的航班信息。

（4）序号 4：责任组。该项显示订座单位 OFFICE 号，由系统自动生成。

例 5：婴儿姓名的输入。

指令格式：

```
> XN:IN/婴儿姓名 INF（MMYY）/P#
```

【说明】

（1）输入英文姓名时，姓与名以“/”分隔，中文姓名不分隔。

（2）INF 为婴儿代码。

（3）（MMYY）为出生月份与年份。

（4）P#为婴儿跟随成人的序号。

成人刘启明带一名婴儿刘坤（不占座），建立姓名组。

```
>NM:1 刘启明
>XN:IN/刘坤 INF（MAR08）/P1

1. 刘启明
2. OSI YY 1INF ZHAOXIAOMING/P1
3.XN/IN/刘坤 INF（MAR08）/P1
4. BJS123
```

【说明】

（1）婴儿（0～2 岁）旅行须持有机票。

（2）婴儿（0～2 岁）不占座位，订座位时，PNR 中可以不输入婴儿项。

（3）IN 是婴儿标识，括号中的内容是出生年月，P1 是婴儿跟随旅客的序号，即 P1 旅客客票打印完后，会打印婴儿客票。

例 6：儿童姓名的输入。

成人王江带一名儿童周茹，建立姓名组。

```
>NM:1 王江 1 周茹 CHD

1 王江 2 周茹 CHD
2. BJS/T PEK/T 010-63-6973/SHIPU TRAVE AGECY/LIU DE PU ABCDEFG
3. BJS123
```

【说明】

CHD 是儿童代码。

### 4.2.2 SS、SD、SA、SN（航段组）

代理人对航班座位进行销售是通过建立航段组来完成的。

一般情况下，航段组可以分为可采取行动的航段组（Actionable）、信息航段组（Information）、到达情况不明航段组（ARNK）、不定期航段组（OPEN）。

对于可采取行动的航段组（Actionable）通常有两种方法可以申请航班座位，即用 SS、SD 指令；信息航段组（Information）和到达情况不明航段组（ARNK）、不定期航段组（OPEN）用 SA、SN 指令。

#### 1. 直接建立航段组（SS）

直接建立航段组是在工作人员已知航班的所有信息（如航班号、日期、航段、舱位、订座数及起飞时间）的情况下建立的。

指令格式：

```
>SS: 航班号/舱位/日期/航段/行动代码/订座数/起飞时间/到达时间
```

【说明】

（1）使用 SS 指令直接建立航段组时，对于中国航空公司的航班，代理人只能订系统中实际存在的航班的座位。

（2）对于国内航空公司的航班的座位，代理人可以任意订，即使该航班实际并不存在，也可以建立。故用 SS 指令订国外航空公司的航班的座位时，工作人员应事先了解详细的航班情况。

（3）工作人员使用 SS 指令直接建立航段组时，一次输入最多可订 5 个航班的座位。

例 7：申请订 CA1301 航班 Y 舱 22DEC 北京到广州的一个座位。

```
>SS: CA1301/ Y /22DEC / PEKCAN/NN1/1450 1740

1. CA1301 YSA22DEC  PEKCAN DK1   1450 1740      330 S 0 RE T3--
2. BJS123
```

#### 2. 间接建立航段组（SD）

间接建立航段组是利用航班时刻表、指定日期航班时刻表或航班座位可利用情况建立航段组。间接建立则需要先将航班信息提取出来，再根据旅客的要求选择适当的航班。

指令格式：

```
>SD: 航线序号/舱位等级/行动代码订座数
```

SD 指令需要在 AV 指令的前提下使用。

例 8：预订 12 月 12 日北京到上海的航班座位，首先需要输入 AV 指令查出航班信息。

```
>AV: PEKSHA/12DEC

12DEC (TUE) PEKCAN
1-  CA1351  PEKCAN 0800   1100   330 0^S    E    EFA A2 O1 YA BS<T3-->
                MS HS KS LS QS GS SA XS NS VS US WS TS ES
              ** M1S V1S
2  *FM9853  PEKCAN 0800   1100   330 0^S    E    EFA YA BS LS MS<T3-->
```

```
                    TS HS VS
     3   CA1321  PEKCAN 0900   1205   747 0^S    E    EF8 A2 O1 CA D3<T3-->
                    ZS I2 RS YA BS MS HS KS LS QS GS SA XS NS VS US WS TS
ES
                 ** M1S V1S
     4  *MU7116  PEKCAN 0915   1220   333 0^L         EFA CC YA BQ HQ<T2-->
                    LQ MQ RQ SQ VQ KA TQ QA
     5+  CZ3108  PEKCAN 0915   1220   333 0^L         EFA AQ P4 CX DX<T2-->
                    IX JX YA TQ KQ HQ MQ GQ SQ LQ QQ UA EQ VQ BA XQ NQ RQ
O3
```

订 FM9853 航班 F 舱 1 个座位。

```
> SD:2/F/1

1. FM9853 F   TU12NOV  PEKCAN HK1   0800   1100     330 S 0 E T3--
2. BJS123
```

【说明】

（1）SD 指令中的行动代号可省略，默认为 NN。

（2）行动代号的种类和含义如下。

NN：AV 指令显示没有可销售座位数，但可以申请的座位，可以 NN 方式进行座位申请。

LL：AV 指令显示没有可销售座位数，但可候补的座位，可以 LL 方式进行座位候补。

RR：AV 指令显示有可销售座位数，准备直接出票，可以 RR 方式进行预订。

（3）使用 SD 指令的输出内容与使用 SS 指令的结果是一样的。SS 指令一步便可以建立航段组，而 SD 指令要经过两步，即使用 AV、SD 指令才可建立航段组。

### 3. 信息航段组（Information）或到达情况不明航段组（ARNK）

SA 指令可以建立信息航段，这样的航段不占用座位，只是作为信息通知工作人员，为旅客预留联程航班的座位，或者为了保证 PNR 中航段的连续性，便于打票，而建立此航段。

指令格式：

```
ARNK 航段
>SA:日期/始发城市/目的地城市
```

例 9：某旅客的航段记录如下。

```
1. MU5102 Y SU23DEC PEKSHA DK1  0800   1010333 S 0 E T2
2. MU2152 Y TU25DECPVGXIYDK1  0810   1050300C 0 E T1 T2
3. 66017755
4. PEK/T PEK TEST ABCDEFG
5. BJS123
```

可以看到，第一个航段的到达机场并不是第二个航段的出发机场，该记录为不连续航段，而有时系统出票要求航段连续，因此需要通过 SA 指令将航程断点连接，而这种航程并不在有效航程范围内。输入：

```
>SA:24DEC/SHAPVG

1. MU5102 Y SU23DECPEKSHA DK1  0800   1010333 S 0 E T2
2. ARNK    MO24DEC SHAPVG
3. MU2152 Y TU25DECPVGXIY DK1  0810   1050300C 0 E T1 T2
4. PEK/T PEK TEST ABCDEFG
5. BJS123
>@
```

### 4. 不定期航段组（OPEN）

不定期航段组（OPEN）是为方便旅客行程，事先为旅客以不定期航段出票，旅客可以依据具体情况签转航班。

作为不定期航段组，必须确认的内容是航段和舱位，其他项目可以置为不确定信息，如航空公司、旅行日期等。

指令格式：

```
>SN:航空公司代码/舱位等级/城市对
```

例 10：建立 PEK 到 CAN 12 月 1 日南航 F 舱的 OPEN 航段组。

```
>SN:CZ/F/PEKCAN
>RT:

 1.李巧奥 M4MMN
 2.CZ3101 K   TU01DEC  CANPEK RR1   0820 1050
 3.CZ OPEN F  PEKCAN
 4.C2526
 5.T/784-3117100001-002
 6.BJS123
```

例 11：旅客购买北京新加坡往返机票，回程由新加坡航空公司的 Y 舱 OPEN 航段组出票。

```
>SN:SQ/Y/SINPEK

1. GAO/JUN M479T
2. SQ811  N   SU20DEC  PEKSIN RR1   0825 1450
3. SQOPEN Y           SINPEK
4. 66017755
5. FC/PEK B-20DEC A-20DEC SQ SIN 413.64YEE3/14 B-23DEC A-03JAN SQ PEK
   413.64YEE3/14 NUC827.28END ROE8.27998
6. FN/FCNY6850.00/SCNY5000.00/C0.00/XCNY76.00/TCNY76.00SG/ACNY6926.
00
7. EI/NON-END/RRTE/NO CHANGE OF FLT/DTE ALLOWED ON PEK-SIN
8. FP/CASH,CNY/AGT08310111
9. BJS123
```

【说明】

（1）只有 OPEN 航段不能建立 PNR。

（2）出国内客票时，有些航空公司不允许代理人出 OPEN 航段组的票，工作人员应根据航空公司的规定进行操作。

### 4.2.3　CT（联系组）

联系组的功能是记录各种联系信息，方便查询代理人及旅客信息。PNR 中的联系组分为两部分。

#### 1. 代理人联系信息

代理人联系信息是工作人员在订座时由计算机系统自动生成的，包括代理人所在城市、名称、电话及负责人，该信息便于航空公司与代理人之间相互联系。因此，若代理人联系信息有变更，应及时与信息中心相应部门联系并更改，以保证系统信息的准确性。

#### 2. 旅客联系信息

旅客联系信息由工作人员手动输入，记录旅客的联系电话，便于代理人与旅客联系。

指令格式：

```
>CT:城市代码/自由格式文本旅客标识
```

例 12：旅客联系电话为 13766012509。

输入：

```
>CT:PEK/13766012509
```

### 4.2.4　TK（出票组）

出票组注明旅客的出票情况，已出票的将给出票号，未出票的则写明具体出票的时限。到达出票时限，计算机系统向相应部门拍发电报，提示工作人员出票，否则会被航空公司取消。

指令格式：

```
>TK:类型/时间/日期/出票部门/旅客标识序号
```

【说明】

类型如下。

T：已出票。

TL：出票时限。

AT：机场出票。

TT：电传出票。

WC：旅客自己取票。

MT：邮寄客票。

在 PNR 中，出票类型有以下两种。

#### 1. 未出票，即 PNR 中输入出票时限

指令格式：

```
>TK:TL/时间/日期/出票部门/旅客标识序号
```

例 13：为 PNR 中旅客设置出票时限。

```
>TK:TL/1200/08DEC/BJS123
```

【说明】

表示应在 12 月 8 日中午 12 点之前出票。

出票时限可以根据旅客情况而定，但通常要求在航班起飞三天前出票。

### 2. 已出票：自动出票，自动产生票号

例 14：已出票，输入票号。

```
>TK:T/7841234567890
```

表示已经出票，票号为 7841234567890。

在有了姓名、航段、联系、出票状态后，就可以生成订座记录编号了。需要执行 PNR 封口指令“@”或“\”，该 PNR 才能生效。

## 4.3 PNR 其他项的建立

旅客订座记录不仅需要旅客的姓名、航段、联系电话、出票时限等内容，还需要旅客的证件信息等其他信息。同时，针对特殊旅客的特殊服务，航空公司需要高度重视并根据实际运营情况及规章制度满足旅客需求，这些信息的输入都是通过完成的。因此，旅客订座记录不仅包括基本项，还包括其他项，如特殊服务组（SSR）、其他服务信息组（OSI）、备注组（RMK）等。

### 4.3.1 SSR（特殊服务组）

特殊服务组记录了旅客在旅行中需要的特殊服务，并根据记录与航空公司进行信息交换。旅客特殊服务包括特殊餐食、常旅客信息、无人陪伴儿童等内容，SSR 中还可以记录电子客票、证件号、预订座位等与旅客相关的各种信息。

指令格式：

```
>SSR:服务类型代码/航空公司代码/行动代号/需要该项服务的人数/自由格式文本/旅客标识/需要该项服务的航段序号
```

#### 1. 身份信息的输入

当旅客订座记录基本项建立完成后，需要输入旅客的身份证信息。

指令格式：

```
>SSR:FOID 航空公司代码 HK/NI 身份证号/旅客标识
```

例 15：输入旅客身份信息。

```
>SSR:FOID CA HK/NI120101198011018085/P1
>RT

1. 李华 GAYNN1
```

```
2. CA1111 Y   MO20AUG  PEKSHA HK1   0800 1055      77B B 0 E
3. CT 13874876663
4. SSR  FOID CA HK  NI120101198011018085/P1
5. BJS123
```

【说明】

FOID：旅客身份信息代码。

HK：状态代码，固定格式。

NI：旅客身份证号，还有 ID（其他证件）、PP（护照）等。

P#：即旅客标识，表示该信息是 PNR 中具体某个旅客，根据 PNR 中旅客序号输入。P1 表示该 PNR 中的第一位旅客。

### 2. 特殊餐食的申请

指令格式：

```
>SSR:SPML/航空公司代码/NN/需要该项服务的人数/航段/自由格式文本/旅客标识/需要该项服务的航段序号
```

例 16：现有一名旅客需要申请无盐餐食，需要工作人员通过 SSR 指令向航空公司申请。

```
>SSR:SPML HO NN1 NOSALT/P1/S2

1. 张巧 M4MMV
4. CA1322 B   SA12DEC  CANPEK HK3   1305 1555
5. HO1235Y   SU13DEC  PEKCAN HK3   0900 1200
6. CT 13897654468
7. TL/1200/01DEC/PEK099
8. SSR SPML HO NN1 NOSALT/P1/S2
9. BJS123
```

也可用另一种格式实现上述功能。

```
>SSR:SPML HO  NN1 CANPEK1235B 12DEC  NOSALT / P1
```

【说明】

SPML：特殊餐食代码。

NN：行动代号，表示申请。

航段：可以省略。

自由格式文本：此例为 NOSALT，可根据旅客情况自由输入。

旅客标识：此例为“P1”，“P”表示旅客，“1”表示此份餐食是为旅客张巧申请的。

S2：需要该项服务的航段序号，“S”表示航段，“2”表示航段 HO1235。

在实际客票销售中，特殊餐食的申请大部分出于旅客的宗教信仰或民族习惯。系统可接收的常见特殊餐食代码见表 4-1。

表 4-1　系统可接收的常见特殊餐食代码

| 特殊餐食代码 | 含　义 | 特殊餐食代码 | 含　义 | 特殊餐食代码 | 含　义 |
|---|---|---|---|---|---|
| SPML | 其他素食 | FPML | 水果餐 | AVML | 亚洲素餐 |

续表

| 特殊餐食代码 | 含　义 | 特殊餐食代码 | 含　义 | 特殊餐食代码 | 含　义 |
|---|---|---|---|---|---|
| LCML | 低热量餐 | SFML | 海鲜餐 | MOML | 清真餐 |
| RVML | 生蔬菜餐 | VGML | 普通素餐 | HNML | 印度餐 |
| DBML | 糖尿病餐 | CHML | 儿童餐 | ORML | 中餐 |
| NSML | 无盐餐 | BBML | 婴儿餐 | KSML | 犹太餐 |
| BLML | 清淡餐 | HFML | 高纤维餐 | LFML | 低脂肪餐 |
| VGML | 素食餐 | NLML | 低乳糖餐 | | |

### 3. 常旅客信息的输入

指令格式：

```
>SSR:FQTV/航空公司代码/HK/公司代码卡号/旅客标识
```

【说明】

FQTV：常旅客信息代码。

HK：状态代码，固定格式。

例 17：旅客张巧是国航的一名常旅客会员，她的常旅客卡号为 123456。输入：

```
>SSR:FQTV CA HK/CA123456/P1

1. 张巧
3. CA1111 Y   MO20AUG  PEKSHA HK1   0800 1055      77B B 0 E
4. SSR FQTV CA HK/CA123456/P1
5. BJS123
```

【说明】

（1）输入常旅客卡号时，系统会首先检查输入的卡号是否正确，以及 PNR 中的姓名项与卡号对应的姓名是否一致，如果有问题会提示错误信息。

（2）输入常旅客卡号后，计算机系统会自动识别卡号的级别，并将相应的级别代码添加到 PNR 中。其中，前面的字符为“*”或“.”的级别为航空联盟卡号级别，前面的字符为“/”的级别为航空公司卡号级别。

航空公司卡号级别有四种：

普通卡，显示为“/C”；

银卡，显示为“/S”；

金卡，显示为“/G”；

白金卡，显示为“/V”。

旅客信息代码见表 4-2。

表 4-2　旅客信息代码

| 代　码 | 含　义 |
|---|---|
| COUR | 旅行团 |
| CRUZ | 快递 |
| DOCA | 旅行地址信息 |

续表

| 代　码 | 含　义 |
|---|---|
| DOCO | 其他旅行信息 |
| DOCS | 旅行证件信息 |
| FOID | 旅客身份证信息 |
| FQTR | 里程免票信息 |
| FQTU | 里程升舱信息 |
| FQTV | 常旅客卡号信息 |
| GPST | 团体座位申请 |
| GRPF | 团体运价信息 |
| GRPK | 团队的 passive booking（被动预订） |
| GRPS | 团体多航段标识 |
| PSPT | 旅客护照信息 |
| SEMN | 海员 |

### 4．特殊服务的申请

指令格式：

```
>SSR:特殊服务代码/航空公司代码/NN/需要该项服务的人数/航段/自由格式文本/旅客标识/需要该项服务的航段序号
```

例 18：旅客王杰是 8 岁的无人陪伴儿童，为其建立无人陪伴儿童信息。

```
>NM:1 王杰（UM8）
>RT:

1. 王杰（UM8）
2. PEK/T PEK/T 010-63406973/SHIPU TRAVE AGENCY/LIU DE PU ABCDEFG
3. SSR UMNR YY NN1 UM8/P1
4. BJS12

>SS:CA2137 Y 10OCT  PEKCAN RR1
CT:66017755
TK:T/999-2200499152
>RT:

1. 王杰（UM8）M4MDK
2. CA2137 Y   SA10OCT  PEKCAN RR1   1030 1310
3. 66017755
4. T/783-2200499152
5. SSR UMNR WH HN1 PEKCAN 2137 Y10OCT UM8/P1
6. PEK123
```

【说明】

（1）UMNR：无人陪伴儿童代码。

（2）航段、自由格式文本、需要该项服务的航段序号省略。

（3）在客票销售中，特殊旅客包括婴儿、儿童、无人陪伴旅客、病残旅客、盲人旅客、担架旅客、轮椅旅客等，购票时会根据自身情况中请特殊服务，常见的特殊服务代码见表 4-3。

表 4-3　常见的特殊服务代码

| 特殊服务代码 | 含　义 |
| --- | --- |
| BLND | 盲人旅客（需要一只导盲犬相陪伴） |
| DEAF | 聋人 |
| BSCT | 有篷的摇篮、吊床或婴儿摇篮 |
| MEDA | 健康状况（旅客医疗状况证明也可能需要） |
| MAAS | 满足与帮助（用于特殊细节） |
| STCR | 担架旅客 |
| CHLD | 有人陪伴儿童 |
| UMNR | 无人陪伴儿童 |
| INFT | 婴儿 |
| WCHC | 轮椅（旅客完全固定在轮椅上，需要运输轮椅上下飞机客舱） |
| WCHR | 轮椅（旅客能用客机梯到达自己的座位，但需要轮椅来安排长途旅行） |
| WCHS | 轮椅（旅客不能自行上下客梯，但可自行到达座位，需要轮椅来安排长途旅行） |
| CBBG | 客舱占座行李 |
| RQST | 座位申请 |
| EXST | 额外的座位 |
| NSSA | 靠走廊的无烟座位 |
| NSSW | 靠窗的无烟座位 |
| SMSA | 靠走廊的吸烟座位 |
| SMSW | 靠窗的吸烟座位 |
| DEPA | 被驱逐出境（有人陪伴） |
| DEPU | 被驱逐出境（无人陪伴） |
| FRAG | 易碎的行李 |
| BULK | 庞大的行李 |
| LANG | 指定会话语种 |
| TWOV | 无签证的过境 |
| SEAT | 预订座位 |
| OTHS | 其他服务类型 |

### 4.3.2　OSI（其他服务信息组）

其他服务信息组提供不用立即回答的服务情况，相应的电报或 QUEUE（信箱）将会出现在航空公司的有关部门。

指令格式：

```
>OSI:航空公司代码自由格式文本/旅客标识
```

例 19：旅客高华是一名 VIP 旅客，建立 OSI。

```
>OSI:MU VIP/P1

1. 高华 ZM02NT
2. MU3926  Y  SU16NOV  PEKSHA  HK1 0635 0805 A320 S 0 R E T1 T2
3. CT 13878927831
4. TTL   0435/16NOV/PEK999
5. OSI   MU   VIP/P1
6. PEK999
```

常见的其他服务类型代码见表 4-4。

表 4-4　常见的其他服务类型代码

| 其他服务类型代码 | 含　义 | 其他服务类型代码 | 含　义 |
|---|---|---|---|
| CHD | 儿童 | SEMN | 海员 |
| CIP | 商务重要旅客 | SPON | 特殊旅客 |
| COUR | 信使 | TCP | 完整团体人数 |
| CTC | 联系方式 | VIP | 重要旅客 |
| CTCA | 联系地址 | TKNO | 票号 |
| CTCP | 联系电话 | INF | 婴儿 |

### 4.3.3 RMK（备注组）

备注组用来记录某些可能有助于了解旅客情况的信息。备注组可以分为两类：

第一类为代理人手动输入的信息；

第二类是当代理人系统与 PNR 中所订的航空公司系统存在记录编号反馈的时候，由系统自动加入的，用以记录该 PNR 与航空公司系统对应的 PNR 的记录编号。

手动加入备注组的格式：

```
>RMK:自由格式文本/旅客标识
```

例 20：为旅客建立备注组，该旅客为重要旅客，建立 RMK。

```
>RMK:高华是一名重要旅客/P1

1. 高华 ZM02NT
2. MU3926  Y  SU16NOV  PEKSHA  HK1 0635 0805 A320 S 0 R E T1 T2
3. CT 13878927831
4. TTL   0435/16NOV/PEK999
5. OSI   MU   VIP/P1
6. RMK  MU/S32L47
7. RMK 高华是一名重要旅客/P1
8. PEK999
```

【说明】

序号 6：系统自动加入的备注信息，用于记录该 PNR 与航空公司系统对应的 PNR 的记录编号。

序号 7：代理人手动输入的备注信息，用于强调该旅客为一名重要旅客。

### 4.3.4 FN（票价组）

FN 功能可以将票价信息添加到 PNR 中，包括票面价、等值付款、现金收受、佣金、税款等内容。

指令格式：

```
>FN:FCNYxxxx.xx/SCNYxxxx.xx/Cx.xx/TCNYxxxx.xxYY
```

【说明】

F：初次开票标识。

CNY：货币种类。

xxxx.xx：金额，需要精确到小数点后两位。

S：现金收受标识。

C：代理费。

x.xx：百分数，代理佣金百分比。

T：税标识。

YY：税种代码，在一个票价组中，可以包含多项税费，但最多允许输入三项，超过三项，则需要税费合并输入，比如：

```
>FN:FCNY 公布价/SCNY 实收价/C 代理费/TCNY 金额+税种类别 1/TCNY 金额+税种类别
2/TCNY 金额+XT
```

其中“XT”表示对剩余税款求和输入。

我国国内客票销售需要收取机场建设费和燃油附加费，其税种代码分别为 CN 和 YQ。

例 21：建立票价组。

```
>FN:FCNY1050.00/SCNY1050.00/C3.00/TCNY50.00CN/TCNY110.00YQ

1. 高华 ZM02NT
2. MU3926  Y  SU16NOV  PEKSHA  HK1 0635 0805 A320 S 0 R E T1 T2
3. CT 13878927831
4. TTL   0435/16NOV/PEK999
5. OSI    MU    VIP/P1
6. RMK  MU/S32L47
7. RMK 高华是一名重要旅客/P1
8. FNFCNY1050.00/SCNY1050.00/C3.00/XCNY160.00/TCNY50.00CN/TCNY110.0
0YQ/ACNY1210.00
9. PEK999
```

【说明】

（1）序号 9：票价组。

（2）票价组输出（序号 8）中多了 XCNY 和 ACNY 两项，分别代表税款总和，以及票价和税款总和。这两项在输入的时候不用手动添加，系统会自动添加，若手动添加则需要保证金额正确，若输入有误则系统会提示错误。

（3）如果记录中有多名旅客，且使用同一票价时，则只需要输入一个 FN 项，不需要给每名旅客都输入一个 FN 项，但若有旅客的票价与其他旅客的票价不一致，则需要单独输入。

（4）婴儿客票须加上婴儿标识 IN。婴儿客票代理费率为 0，且免收机场建设费和燃油附加费。输入项中“EXEMPT”是免税标识。

```
>FN:IN/FCNYxxxx.xx/SCNYxxxx.xx/C0.00/TEXEMPTCN
```

（5）FN 中 SCNY 的值不能大于 FCNY 的值，否则会提示：AMOUNT。

（6）FN 内容超过一行需要换行时，要在第二行先输入“-”，再输入后续内容。

### 4.3.5　FC（票价计算组）

FC 用于计算输入的票价，将票中的竖式计算内容变成横式，添加到 PNR 中并打印在客票的票价计算栏中。

指令格式：

```
>FC:起飞城市（机场）代码承运人到达城市（机场）代码票价及票价基础货币种类全程票价总和 END
```

例 22：建立票价计算组。

```
>FC:PEK MU SHA 1050.00 YB100 1050.00 CNY1050.00END

1. 程明 ZM02NT
2. MU3926  Y  SU16NOV  PEKSHA  HK1 0635 0805 A320 S 0 R E T1 T2
3. CT 13878927831
4. TTL   0435/16NOV/PEK999
5. OSI    MU    VIP/P1
6. RMK  MU/S32L47
7. RMK 程明是一名重要旅客/P1
8. FNFCNY1050.00/SCNY1050.00/C3.00/XCNY160.00/TCNY50.00CN/TCNY110.00YQ/ACNY1210.00
9. FCPEK MU SHA 1050.00 YB100 1050.00 CNY1050.00END
10. PEK999
```

【说明】

PEK：起飞城市代码。

MU：承运人。

SHA：到达城市代码。

1050.00：北京到上海的票价。

YB100：票价基础，票价基础会显示在客票票面的票价基础栏内。

1050.00：在票价基础下计算的具体票价。

CNY：货币种类。

1050.00：全程票价总和。

上例是国内单程票价的票价计算组输入方式，除此之外，还有往返票、儿童票、婴儿票的票价计算组。

往返票票价计算组，输入：

```
>FC:PEK MU SHA 1050.00 YB100 1050.00 MU PEK 1050.00 YB100 1050.00
-CNY2100.00END
```

## 4.3.6 FP（付款方式组）

该功能可以将旅客的付款方式添加到 PNR 中，并将其内容打印在客票的付款方式栏上。

指令格式：

```
>FP:付款方式，货币代码/自由文本
```

例 23：建立付款方式组。

```
FP: CASH, CNY
```

【说明】

现金，人民币。

```
FP: CHECK, CNY
```

【说明】

支票，人民币。

```
FP: CC/95787213
```

【说明】

CC 为信用卡标识，后为卡号。

```
FP: CHECK, CNY/CA8635-20
```

【说明】

“/” 后为自由格式。

```
FP: IN/CASH, CNY
```

【说明】

婴儿票。

## 4.3.7 PAT:A（自动建立运价组）

系统中可以手动建立票价组、票价计算组、付款方式组，也可以使用 PAT 指令自动建立运价组。

为了简化代理人票价查询和计算流程，减少出票过程中的人为操作失误，提高工作效率，完善了订座系统中国内销售运价自动计算功能。在原有 PAT 指令的基础上，增加了指令参数 A，它可以自动搜索最优可使用运价。

只要先建立了航段组，通过 PAT 指令就可以自动生成 FC、FN、FP、EI、TC。

指令格式：

```
> PAT:A 选项
```

常用选项见表 4-5。

（1）自动计算成人票价：

```
PAT:A
```

（2）自动计算儿童票价：

```
PAT:A*CH
```

（3）自动计算婴儿票价：

```
PAT:A*IN
```

表 4-5　常用选项

| 选　　项 | 含　　义 |
|---|---|
| *CH | 计算儿童票价 |
| *IN | 计算婴儿票价 |
| *JC | 计算因公带伤警察票价 |
| *GM | 计算伤残军人票价 |
| /P1 | 计算第一名旅客票价 |

例 24：建立自动计算票价组。

```
>PAT:A

01  Y  FARE:  CNY1050.00  TAX:CNY50.00  YQ:CNY110.00  TOTAL:1210
>SFC:01
>RT

1. 程明 ZM02NT
2. MU3926  Y  SU16NOV  PEKSHA  HK1 0635 0805 A320 S 0 R E T1 T2
3. CT 13878927831
4. TTL   0435/16NOV/PEK999
5. OSI    MU    VIP/P1
6. RMK  MU/S32L47
7. RMK 程明是一名重要旅客/P1
8. FNFCNY1050.00/SCNY1050.00/C3.00/XCNY160.00/TCNY50.00CN/TCNY110.0
0YQ/ACNY1210.00
9. FCPEK MU SHA 1050.00 YB100 1050.00 CNY1050.00END
10. FP /CASH，CNY
11. PEK999
```

【说明】

（1）“*”是加在选项前的固定格式，但指定旅客时，不需要加“*”。

（2）SFC:01 是系统自动返回的指令，用户只需要将光标放在 SFC:01 之后，执行即可将运价添加到 PNR 中，如果有两条或两条以上的运价，将光标放在选定好的运价的 SFC 指令后执行即可。

（3）在 FC、FN 项中会体现自动运价计算标识“A”，并在记录中加入 RMK AUTOMATIC FARE QUOTE 项，并且代理人无法像 PAT 指令一样修改给出的运价，PAT:A 给出的运价是不允许修改的。

（4）使用 PAT:A 指令要求航程为国内航段，在 PNR 记录中不能含有 OPEN 航段。

（5）PAT:与 PAT:A 区别，PAT:指令查询结果将返回明折明扣的公布票价，PAT:A 指令给出销售票价，FC、FN、FP 及 EI、TC 项组合，可以计算几种组合价格。

### 4.3.8　EI（签注信息组）

该功能可以使工作人员将客票签注信息内容添加到 PNR 中，并打印在客票签注栏中。EI 的输入格式自由，并且可以输入中文。客票打印完，EI 将保留在 PNR 历史部分中，通过 RT 指令等查看。

指令格式：

```
>EI:自由格式内容
```

例 25：建立签注组。

```
EI:NONEND NONREF
EI:IN/NON END
EI:1HKD=1.110300CNY NOT ENDORSABLE
EI:NONEND NONREF/P1
EI:不得签转
EI:不得退票
```

### 4.3.9　TC（旅游代码组）

该功能用于输入旅游代码，也可以按航空公司要求输入相应的自由格式的内容，并打印在旅游代码栏中。

客票打印完，TC 将保留在 PNR 历史部分中，通过 RTU1 指令可以提取。

指令格式如下。

格式一：

```
>TC:F/自由文本
```

格式二：

```
>TC:婴儿标识 旅游类型 年度 航空公司代码 运输区域号 旅游标识
```

【说明】

一些航空公司要求代理人将票价折扣代码或其他代号记录在客票上，因此用 TC:F/自由文本输入折扣代码，该格式较为常用。

第二种格式用于输入标准格式的旅游码。具体的输入要求如下。

旅游类型：可输入 BT（Bulk Inclusive Tour）或 IT（Inclusive Tour），表示包干旅游。

年度：输入年份的最后一位数字。

运输区域号：1、2、3，即航协划分的三个区域。

旅游标识：8 个字以内的自由格式内容。

例 26：建立旅游代码组。

```
TC:8CA1TOUR
TC:F/ALLBN
TC:F/J22GA803
TC:F/CN301A
TC:IT8AZ3BJS003
```

旅客订座记录的处理

## 4.4 旅客订座记录的处理

在旅客订座记录的建立过程中，工作人员可能会由于旅客行程变动等多方面原因对旅客订座记录进行还原、提取、修改等操作，需要系统提供相关指令支持相应的功能。

### 4.4.1 PNR 的生效

在有了姓名、航段、联系、出票组后，就可以生成订座记录编号了。需要执行 PNR 封口指令“@”或“\”，该 PNR 才生效，系统自动生成 PNR 编号，该编号由 6 位字母或数字组成，称为订座记录编号。

指令格式：

```
>@参数
```

【说明】

（1）@：PNR 生成指令，也可用“\”代替。

（2）封口时会自动检查所输入的内容是否完整。

（3）封口后，旅客的订座记录编号及航段信息将显示在屏幕上。

例 27：对 PNR 确认并生效。先用 AV 指令查询航班信息，然后用相应指令建立 PNR 基本项。

```
>AV:PEKSHA/12NOV
>SD:1Y/1
>NM:1 高桥
>CT:66017755
>TK:TL/1200/12NOV /BJS123
> @
 CA5901 Y WE12NOV PEKSHA HK1  06350805
 ZWRL7I
>RT:
1. 高桥 ZWRL7I
2. CA5901 Y WE12NOV PEKSHA HK1  06350805
3. 66017755
4. TL/1200/09NOV /BJS123
5. BJS123
```

工作人员在封口时，有时会遇到指令输入不成功的情况，封口指令还有其他的选项，选择代码见表 4-6，当遇到特殊情况时，可选择这些代码。

表 4-6 封口指令选择代码

| 选择代码 | 描　述 |
|---|---|
| @K | 作用：<br>（1）将 KK、KL 或 TK 变为 HK；<br>（2）将 UU、US 或 TL 变为 HL； |

续表

| 选择代码 | 描述 |
|---|---|
| @K | （3）将 TN 变为 HN；<br>（4）将带有 NI、UC、UN 的项移到 PNR 的历史部分中；<br>（5）PNR 中的任何航班更改标识（闪动的 S、P、C）或航班信息标识（闪动的 I）将被抹去 |
| @I | 用于以下情况：<br>（1）航段不连续；<br>（2）邮寄时间不够；<br>（3）有航班变更标识；<br>（4）两个连接航段的停留时间小于最小连接时间 |

使用@K 指令可以将 KK、KL、TK 行动代码变为 HK，将 US、UU、TL 变为 HL，将 TN 变为 HN，将有 NI、UC、UN 等行动代码的航段移入历史记录中。

例 28：PNR 显示如下。

```
>RT DSAW6T

1. CHENG/MING DSAW6T
2. 3Q4182  T   TU20OCT  PEKKMG KK1  1810 2110
3. BJS/T PEK/T 010-65538922/CHINA AIR SERVICE COMPANY/DONG SHU HUA
4. NC
5. TL/1200/15OCT/ BJS123
6. BJS123
```

用@K 指令封口后再提取 PNR。

```
>@K
>RT DSAW6T

1. CHENG/MING DSAW6T
2. 3Q4182   T   TU20OCT  PEKKMG HK1   1810 2110
3. BJS/T PEK/T 010-65538922/CHINA AIR SERVICE COMPANY/DONG SHU HUA
4. NC
5. TL/1200/15OCT/ BJS123
6. BJS123
```

可以看到 KK 的行动代码变成了 HK。

【说明】

（1）提取一条 PNR 后，如果当前的显示内容没有任何修改，封口指令“@”相当于还原指令 IG。

（2）当 PNR 中每项内容输入后，封口时还要检查所有航段的连续性，若分别使用了城市名和机场名，则认为它是连续的。如果航段不连续，则根据具体情况，采用不同的选择代码进行强行封口。

（3）@I 与@K 指令可以同时使用。

（4）若在屏幕下方出现一行字，说明 PNR 内部的数据结构发生了错误，应及时与在线支持中心联系。

（5）若工作人员建立了航段组但未封口，且时间超过 5min，这时由系统内部自动执行 IG 指令，将座位还原，目的是防止恶意虚耗座位。工作人员应重新建立 PNR。

（6）在封口的过程中，有时会出现输入错误或遗漏，系统会有相应的提示，常见提示见表 4-7。

表 4-7 常见提示

| 提 示 | 含义与操作 |
|---|---|
| CHECK CONTINUITY | 检查航段的连续性，使用@I 指令 |
| CONTACT ELEMENT MISSING | 缺少联系组，将旅客的联系电话输入 PNR 中 |
| MAX TIME FOR EOT - IGNORE PNR AND RESTART | 建立了航段组，但未封口的时间超过 5min，这时系统内部已经执行了 IG 指令，将座位还原，工作人员重新建立 PNR |
| NAMES | PNR 中缺少姓名项 |
| SIMULTANEOUS MODIFICATION-REENTER MODIFICATION | 类似的修改，执行 IG 指令，并重新修改 |

## 4.4.2 PNR 的还原

在 PNR 建立过程中，工作人员经常会由于旅客信息的变动或工作人员自身错误输入，需要对已有信息进行还原，此时，若该 PNR 还没有封口，可使用 PNR 还原指令。

指令格式：

```
>IG
```

例 29：旅客张华，行程长沙至广州，PNR 做过修改但未封口，现将其还原。

```
>RT M01W6G

1. 张华 M01W6G
2. CZ3375 H   WE10SEP  CSXCAN HK1   0810 0855
3. 76589234
4. TL/1000/01SEP/ BJS123
5. BJS123
```

现在再订一段 10 月 15 日的广州至上海航段，输入：

```
>SS:CZ3613/Y/15OCT/CANSHA/NN1
```

系统显示：

```
1. 张华 M01W6G
2. CZ3375 H   WE10SEP  CSXCAN HK1   0810 0855
3. CZ3613 Y   MO15OCT  CANSHA DK1   0750 0940     320 S 0
4. 76589234
5. TL/1000/01 SEP / BJS123
6. BJS123
```

可以看到 CZ3613 的 CANSHA 航段已经加入了 PNR，状态是 DK，但是现在还没有封口，PNR 就没有最终完成。在这种情况下，如果不想将 CZ3613 航段加入 PNR，而让 PNR 恢复为原来的状态，可以使用 IG 指令还原。输入如下：

```
>IG
```

系统显示：

```
>RT:M01W6G IGNORED
```

系统提示 PNR M01W6G 被还原了，提取 PNR 可以看到仍然只有一个航段。

```
>RT:M01W6G

1. 张华 M01W6G
2. CZ3375 H   WE10SEP  CSXCAN HK1   0810 0855
3. 76589234
4. TL/1000/01 SEP / BJS123
5. BJS123
```

与修改航段的方法一样，对 PNR 所做的其他修改，如修改名字、修改出票时限、PNR 分离、取消部分旅客等，在封口之前，都可以用 IG 指令将其还原。

### 4.4.3 PNR 的提取

在日常工作中，工作人员经常需要提取 PNR。

提取 PNR 的指令有：

```
>RT:订座记录编号
```

【说明】

根据订座记录编号提取。

```
>RT:姓名/航班号/日期
```

【说明】

根据旅客姓名提取。

```
>ML:C/CA1301/10DEC
>RT：序号
```

【说明】

根据旅客名单提取。

```
>RT:C/记录编码
```

【说明】

查看 PNR 完整的内容。

```
>RT:U1
```

【说明】

查看 PNR 的历史部分。

```
>RT:A
```

【说明】

返回 PNR 的现行部分。

```
>RT:SSR
```

【说明】

从 PNR 的特殊服务组开始显示。

```
>RT:OSI
```

【说明】

从 PNR 的其他服务组开始显示。

这里介绍三种常用的提取 PNR 的指令。

### 1. RT:订座记录编号

PNR 生效后系统会自动给出一个订座记录编号，它由 6 位数字或字母组成，是计算机系统随机给出的。

指令格式：

```
>RT:编号
```

例 30：旅客高桥的订座记录编号为 ZWRL7I，工作人员提取该旅客的 PNR 时，输入：

```
>RT:ZWRL7I

**ELECTRONIC TICKET PNR**
1. 高桥 ZWRL7I
2. CA5901  YWE12NOV  PEKSHA HK1 06350805 A320 S 0 R E T1 T2
3. CT66017755
4. T
5. FC/M/CAN CA PEK 1700.00Y CNY1700.00END
6. SSR FOID CA HK1 NI2222222222222/P1
7. SSR TKNE CA HK1 CANPEK 1310 Y30OCT 9991110008008/1/P1
8. FN/M/FCNY1700.00/SCNY1700.00/C0.00/XCNY50.00/TCNY50.00CN/TEXEMPT
YQ/
ACNY1750.00
9. TN/999-1110008008/P1
10. FP/CASH,CNY
11. BJS123
```

### 2. RT:旅客姓名

我们还可以根据旅客姓名、航班及日期提取 PNR。

指令格式：

```
>RT:姓名/航班/日期
```

【说明】

如果不加选项“/0”，则提取所有姓名的第一个字相同的旅客名单。

例 31：提取 11 月 6 日 CA1502 航班上姓名为“李涛”的旅客。

```
>RT:LI/CA1502/6NOV/0

NAME LIST
CA1502/6NOV       0
SHA PEK
001   1 LI CHENGMIN     KEKXK G RR2   PEK112  30OCT09
002   1 LI FENGQIN      BFL3G G HX1   PEK1E   07NOV09
003   1 LI FENGQIN      V1V21 G RR1   PEK1E   07NOV09
004   1 LI TAO          T4FCQ G RR1   PEK1E   10NOV09
```

```
005   1 LI TAO          ZJM33 G RR1   PEK1E   06NOV09
006   1 LI XI          T3WMQ G RR1   PEK1E   11NOV09
007   1 LI TAO         FMRSJ T HX1   PEK1E   09NOV09
END
```

该指令会把航班上所有以“LI”开头的姓名都提取出来，然后输入“>RT:旅客序号”就可以把要找的 PNR 提取出来。

### 3. RT:PNR 列表序号

指令格式：

```
>RT:序号
```

例 32：若同一航班上有两位名叫高桥的旅客，此时输入：

```
>RT:高桥/CA5901/12NOV

1. GKJKTI  CA5901  Y  WE12NOV  PEKSHA HK1 06350805 高桥
2. ZWRL7I CA5901  Y  WE12NOV  PEKSHA HK1 06350805 高桥
```

继续输入：

```
>RT:02

**ELECTRONIC TICKET PNR**
1. 高桥 ZWRL7I
2. CA5901  YWE12NOV  PEKSHA HK1 06350805 A320 S 0 R E T1 T2
3. CT66017755
4. TTL 0435/12NOV/BJS123
5. RMK CA/SP7PDF
6. BJS123
```

## 4.4.4 PNR 的修改

在日常工作中经常遇到对 PNR 进行修改的情况。对 PNR 的修改，不同的组有不同的方式，主要有以下几种格式。

（1）除姓名组外的其他项，可以用指令“XE:序号”先取消，然后增加新的内容。

（2）姓名组的修改要使用类似“1/1ZHANG/HANG”的方式。

（3）行动代码的修改要使用“序号/新行动代码”的方式。

以下面的 PNR 为例，说明对其中部分项目进行修改的方法。

例 33：现有旅客高小晓 PNR，旅客欲将预订航段中的日期更改为 11 月 17 日。

指令格式：

```
>XE:序号
>SS:航班号/舱位/日期/航段/行动代码/订座数
> @
```

先提取 PNR，输入：

```
>RT GKJKTI
```

```
1. 高小晓 GKJKTI
2. CA5901  YTU18NOV  PEKSHA HK1 06350805  A320 S 0 R E T1 T2
3. 64357823
4. TL/1200/15NOV/BJS123
5. BJS123
> XE2

1. 高小晓 GKJKTI
2. 64357823
3. TL/1200/15NOV/BJS123
4. BJS123
```

PNR 中的原航段已被取消，继续输入：

```
> SS:CA5901/Y/17NOV/PEKSHA/1
>@
> RT GKJKTI

1. 高小晓 GKJKTI
2. CA5901  Y  TU17NOV  PEKSHA HK1 06350805  A320 S 0 R E T1 T2
3. 64357823
4. TL/1200/15NOV/BJS123
5. BJS123
```

例 34：把上例中旅客姓名修改为“高可”。

指令格式：

```
>序号/1 姓名
```

【说明】

（1）序号：在 PNR 中要修改旅客的序号。

（2）姓名：一个新名字，英文姓与名之间用“/”分隔，中文姓名不分隔。

（3）姓名组的修改先要提取 PNR，再输入封口指令，系统才可运行成功。

```
>RT GKJKTI

1. 高小晓 GKJKTI
2. CA5901  YTU17NOV  PEKSHA HK1 06350805  A320 S 0 R E T1 T2
3. 64357823
4. TL/1200/15NOV/BJS123
5. BJS123
>1/1 高可
>@
>RT

1. 高可 GKJKTI
2. CA5901  YTU17NOV  PEKSHA HK1 06350805  A320 S 0 R E T1 T2
3. 64357823
4. TL/1200/15NOV/BJS123
5. BJS123
```

【说明】

（1）再次提取 PNR 时，工作人员只输入了“RT”指令，这是因为系统提供了默认程序，也就是说当只输入“RT”指令时，系统默认工作人员提取的 PNR 为上一个记录，可看到旅客姓名已修改为“高可”。

（2）团队旅客姓名的修改与散客一致。若想取消团队 PNR 中已输入旅客名单，并保留座位，可使用如下指令：

```
>序号/序号…/#G
```

序号/序号…：指定需要修改的旅客序号。

#：需要修改的旅客总数量。

G：将指定的旅客姓名替换为空，团队座位数不变。

### 4.4.5 PNR 的调整

这里介绍调整航段顺序、将建立的航段并入 PNR、PNR 的分离三种 PNR 的调整指令。

#### 1. 调整航段顺序（CS）

当代理人建立一条有多个航段的 PNR 时，系统会根据航班的日期、起飞时间、城市对等自动整理航段顺序，但在某些情况下，如 PNR 中有 OPEN 航段时，需要人工进行航段的排序，这时需要使用 CS 指令。

指令格式：

```
>CS:PNR 中航段序号/PNR 中航段序号
```

例 35：某旅客预订北京—广州—北京机票，其中去程为 OPEN 航段，回程为 CA1322/10OCT。工作人员先为其建立了广州至北京的航段。

```
1. CA1322 Y   SU10OCT  CANPEK DK1   1305 1610     763 S 0
2. BJS123
```

然后建立了北京至广州的航段。

```
1.  CA1322 Y   SU10 OCT  CANPEK DK1   1305 1610     763 S 0
2.  YYOPEN Y             PEKCAN
3.  BJS123
```

这时工作人员发现两个航段顺序不正确，北京至广州航段应在前，因此需要调整航段顺序。

```
>CS:2 /1
```

系统显示：

```
1. YYOPEN Y             PEKCAN
2. CA1322 Y   SU10 OCT  CANPEK DK1   1305 1610     763 S 0
3. BJS123
```

#### 2. 将建立的航段并入 PNR（ES）

当旅客已有一条 PNR，需要把建立的航段并入这条 PNR，首先要提取这个记录，然后通过并入航段指令（ES）进行并入。

指令格式：

```
>ES:
```

例 36：旅客高小晓想在已预订的 PNR 中添加从上海至北京的航班，工作人员这时需要使用航段并入指令，在已有的 PNR 中添加航段。

```
>RT GKJKTI

1. 高小晓 GKJKTI
2. CA5901  YTU17NOV  PEKSHA HK1 06350805  A320 S 0 R E T1 T2
3. 64357823
4. TL/1200/15NOV/BJS123
5. BJS123
```

查询上海至北京航段的航班信息，输入：

```
>AV:SHAPEK/21NOV
```

再次提取 PNR，输入：

```
>RT GKJKTI

1. 高小晓 GKJKTI
2. CA5901  Y  TU17NOV  PEKSHA HK1 06350805  A320 S 0 R E T1 T2
3. 64357823
4. TL/1200/15NOV/BJS123
5. BJS123
>ES

MU5291  YFR21NOV SHAPEKHK1 0740 0817  B738  R  E T1 T2
GJYGJC
```

输入 PNR 并入指令，就可以看到航段 SHAPEK 并入原 PNR 了。

```
1. 高小晓 GKJKTI
2. CA5901  YTU17NOV  PEKSHA HK1 06350805  A320 S 0 R E T1 T2
3. MU5291  Y  FR21NOV SHAPEKHK1 0740 0817  B738  R  E T1 T2
4. 64357823
5. TL/1200/15NOV/BJS123
6. BJS123
```

### 3. PNR 的分离（SP）

SP 指令用于将 PNR 中的一个或几个旅客分离出来。当一条 PNR 中有多名旅客记录时，此时如果 PNR 中的部分旅客要更改航程，这时就要用到 SP 指令将这部分旅客分离出来，生成一条新的 PNR 进行修改，而将其他旅客保留在原 PNR 中。

用 SP 指令分离 PNR 有几种格式，这里主要介绍非团体 PNR 的分离。

指令格式：

```
>SP:旅客序号/旅客序号…
```

例 37：有四位旅客的 PNR，将其中一位旅客的记录分离出来。

```
>RT:GWR3C7
```

```
1. 张东  2.吉萨斯  3.卡沃尔  4.高河 GWR3C7
2. CZ5292  Y  WE19NOV  PEKTYN  HK40805  0842  B737  S  0 R E T1 T2
3. CT  13878965568
4. TTL  0605/19NOV /BJS123
5. RMK CZ/XTXM4R
6. BJS123
```

由于旅客吉萨斯想更改航程，而其他三名旅客按原计划进行，此时，工作人员首先需要使用PNR分离指令，将旅客吉萨斯分离出来。输入：

```
>SP:2

1. 吉萨斯 GWR3C7
2. CZ5292  Y  WE19NOV  PEKTYN  HK40805  0842  B737  S  0 R E T1 T2
3. CT  13878965568
4. TTL  0605/19NOV /BJS123
5. RMK CZ/XTXM4R
6. BJS123
>@

CZ5292  Y  WE19NOV  PEKTYN  HK20805  0842
ZIVHW8  SPLIT FROM GWR3C7
```

【说明】

本说明为"@"指令执行后结果的说明。

第1行：航段信息。

第2行：旅客订座记录编号分离信息，"ZIVHW8"为新订座记录编号，"GWR3C7"为旧订座记录编号，表示新PNR ZIVHW8从PNR GWR3C7中分离出来。

此时，工作人员提取PNR时，可以看到相应的变化。

```
>RT:ZIVHW8

1. 吉萨斯 ZIVHW8
2. CZ5292  Y  WE19NOV  PEKTYN  HK40805  0842  B737  S  0 R E T1 T2
3. CT  13878965568
4. TTL  0605/19NOV /BJS123
5. RMK CZ/XTXM4R
6. BJS123
>RT:GWR3C7

1. 张东  2.卡沃尔  3.高河 GWR3C7
2. CZ5292  Y  WE19NOV  PEKTYN  HK40805  0842  B737  S  0 R E T1 T2
3. CT  13878965568
4. TTL  0605/19NOV /BJS123
5. RMK CZ/XTXM4R
6. BJS123
```

若在工作过程中，需要同时分离两条（含）以上的旅客记录，只要将旅客序号用分隔符号“/”隔开即可。

```
>SP:2/3
```

在使用 SP 指令对旅客 PNR 进行分离时，有些系统规定某些航班只允许分离一次。因此，当 PNR 中存在这些航段时，若仍有旅客更改两次及以上行程，只能为其重新建立新的记录，此时就需要取消原有的 PNR。

### 4.4.6　PNR 的取消

#### 1. 取消完整的 PNR

在提取 PNR 后，使用“XEPNR”和“@”指令，一旦取消，旅客订座记录不能恢复。指令格式：

```
>XEPNR
>@
```

#### 2. 取消多人 PNR 中的部分旅客订座

指令格式：

```
>XE:P 旅客序号
```

例 38：旅客吉萨斯更改行程后，临时有事需要取消航程。此时，工作人员需要使用指令将其记录取消。

```
>RT:ZIVHW8

1. 吉萨斯 ZIVHW8
2. CZ5292  Y   WE19NOV  PEKTYN  HK40805  0842  B737  S  0 R E T1 T2
3. CT  13878965568
4. TTL  0605/19NOV /BJS123
5. RMK CZ/XTXM4R
6. BJS123
> XEPNR
>@
```

此时再使用 RT 指令提取吉萨斯的 PNR，系统将会提示此 PNR 不存在。

```
PNR CANCELLED ZIVHW8
```

## 4.5　建立 PNR 的实例

### 4.5.1　含有一个航段的 PNR 订座实例

例 39：旅客张小明，行程为 11 月 10 日北京至上海东航 Y 舱，手机号码为 13590259256，身份证号码为 123456191945454646。预订客票操作如下：

```
>AV:PEKSHA/10NOV
```

```
10NOV (THU) PEKSHA
1-  CA1831  PEKSHA 0730   0940   330 0^B    E    EFA AQ OQ YA BQ<T3-->
                  MQ HQ KQ LQ QQ GQ SA XQ NQ VQ UQ WQ TQ EQ
              ** V1Q U1Q
2  *FM9888  PEKSHA 0730   0940   330 0^B    E    EFA YA BQ LQ MQ<T3-->
                  TQ HQ VQ
3   CA1883  PEKPVG 0800   1010   738 0^B    E    EFC AC OC YC BC<T3-->
                  MC HC KC LC QC GC SC XC NC VC UC WC TC EC
** V1C U1C
4+  MU5102  PEKSHA 0800   1000   333 0^S         EFA AA YA KA BA<T2-->
                  EQ HA LA MA NA RA SQ VQ TQ WQ XA GQ QA U5 I5 ZS
**  **  CZ-SHA  CHECK IN 45 MINUTES BEFORE DEPARTURE
```

输入：

```
>SD:4Y/1
>NM:1 张小明
>CT:13590259256
>TK:TL/1200/7 NOV /BJS123
>SSR:FOID CZ HK/NI123456191945454646/P1
> @

MU5102Y   TH10NOV PEKSHA HK1  0800   1000
 NWA4BK
>RT:NWA4BK

1. 张小明 NWA4BK
2. MU5102Y   TH10NOV  PEKSHA HK1   0800   1000      330 B 0 RE T2--
3. 13590259256
4. TL/1200/07 NOV / BJS123
5. SSRFOID MU HKNI123456191945454646/P1
6. BJS123
```

【说明】

本说明为 RT 指令执行后结果的说明。

第 1 行：姓名组。

“张小明”：旅客姓名。

“NWA4BK”：CRS 自动生成的旅客订座记录编号。

PNR 建立封口后，系统会自动给出订座记录编号。

第 2 行：航段组。

该旅客预订的航班是 11 月 10 日东航 5102 航班北京至上海 Y 舱，起飞时间为 8:00，到达时间为 10:00，执飞机型为 A330。

第 3 行：联系组。

该旅客的联系电话是 13590259256。

第 4 行：出票组。

客票的出票时限为 11 月 7 日 12:00。
第 5 行：旅客身份证号码等信息。
第 6 行：责任组。
以上由订座系统自动建立。

### 4.5.2　含有两个连续航段的 PNR 订座实例

例 40：旅客张小明，预订航班为 10 月 12 日北京至上海国航 Y 舱，10 月 19 日上海至广州 Y 舱，手机号码为 13590259256，身份证号码为 123456191945454646。

先订北京至上海航段，输入：

```
>AV:PEKSHA/12OCT/CA

12OCT (THU) PEKSHA VIA CA
1-  CA1831  PEKSHA 0730   0940   330 0^B    E    EFA AQ OQ YA BQ<T3-->
     MQ HQ KQ LQ QQ GQ SA XQ NQ VQ UQ WQ TQ EQ
2   CA1883  PEKPVG 0800   1010   738 0^B    E    EFC AC OC YC BC<T3-->
      MC HC KC LC QC GC SC XC NC VC UC WC TC EC
3   CA1501  PEKSHA 0830   1040   772 0^B    E    EFA AQ OQ YA BQ<T3-->
     MQ HQ KQ LQ QQ GQ SA XQ NQ VQ UQ WQ TQ EQ
4+  CA1519  PEKSHA 0930   1140   738 0^S    E    EF8 AS OS YA BS<T3-->
     MS HS KS LS QS GS SA XS NS VS US WS TS ES
 CZ-SHA  CHECK IN 45 MINUTES BEFORE DEPARTURE
>SD:1Y1

1. CA1831 Y   TH12OCT  PEKSHA HK1   0730 0940     330 B 0 RE T3--
2. BJS123
```

接下来订上海至广州航段，输入：

```
>AV:SHACAN/19OCT /CA

19OCT (SAT) SHACAN VIA CA
1-  CA1837  SHACAN 1605   1805   733 0^S    E    EF8 AS OS YA BS
MS HS KS LS QS GS SA X5 NS VS US WA TS ES
2   CA1590  SHAPEK 0855   1115   744 0^B    E    EFA AS OS CA DS<--T3>
ZS IS RS YA BA MS HS KS LA QS GS SA X5 NS VS US WS TS ES
3    CA1327     CAN 1400   1700   772 0 L    E    EFA A2 O2 YA BA<T3-->
MA HA KA LA QS GS SA XA NS VS US WA TS ES
4   CA933   PVGPEK 0930   1150   340 0^S    E    EF7 A5 P3 O1 CA<--T3>
DA Z6 I4 RS J2 YA BA MA HA KA LA QA GA S7 X3 NA VA UA WA TA  5+  CA1327
CAN 1400   1700   772 0 L    E    EFA A2 O2 YA BA<T3-->
MA HA KA LA QS GS SA XA NS VS US WA TS ES
```

选择 AV 指令下的第一个航班，输入：

```
>SD1Y1

1. CA1831 Y   TH12OCT  PEKSHA HK1   0730 0940     330 B 0 RE T3--
```

```
2. CA1837 Y   SA19OCT  SHACAN HK1   1605 1805      733 S 0 RE
3. BJS123
>NM:1 张小明
>CT:13590259256
>TK:TL/1200/9OCT/BJS123
>SSR:FOID CZ HK/NI123456191945454646/P1
>@

CA1831 Y   TH10OCT  PEKSHA HK1   0730 0940
CA1837 Y   SA19OCT  SHACAN HK1   1605 1805
SDHL6Q
>RT:SDHL6Q

1. 张小明 SDHL6Q
2. CA1831 Y   TH10OCT  PEKSHAHK1   0730 0940      330 B 0 RE T3
3. CA1837 Y   SA19OCT  SHACAN HK1  1605 1805      733 S 0 RE
4. 13590259256
5. TL/1200/9NOV/BJS123
6. SSRFOID MU HKNI123456191945454646/P1
7. BJS123
```

## 4.6　团体旅客订座记录

订座系统演示

团体旅客订座记录与散客旅客订座记录的主要区别是增加了团体姓名组，组成团体旅客订座记录的基本项有：

- 团体姓名组（GN）；
- 姓名组（NM）；
- 航段组（SS、SD、SN、SA）；
- 联系组（CT）；
- 出票组（TK）。

### 4.6.1　团体姓名组

团体姓名组用于团体订座，是组成团体旅客订座记录不可缺少的组，它是由团体订座总人数和团体名称组成的。

指令格式：

```
>GN:团体订座总人数团体名称
```

例 41：建立一个团体名称为 CAAC/GROUP 的 12 人的团体 PNR。

输入：

```
>GN:12CAAC/GROUP

0. 12CAAC/GROUP NM0
```

```
1. BJS123
```

【说明】

（1）代理人按需要为团体起名。

（2）团体 PNR 的团体姓名组（GN）应先输入。

（3）团体名称只可由英文字母和“/”组成，不可用中文做团体名称。

（4）团体名称最长为 50 个字符，最短为 2 个字符。

（5）团体名称建立后不可更改。

（6）在代理人系统中，9 人以上必须成团，9 人以下不能成团。

（7）一个团体最多可有 511 名旅客。

（8）旅客姓名可以在建立团体 PNR 时输入，也可在以后分步输入，此 PNR 中“NM0”表示还没有输入旅客姓名，每输入 1 个旅客姓名会加 1。如下所示输入姓名组：

```
>NM:1 福满星 1 高进驹 1 葛修卫

0. 12CAAC/GROUP NM3
1. 福满星 2.高进驹 3.葛修卫
4. BJS123
```

此时，姓名组 NM 由“NM0”变成了“NM3”，说明输入了三位旅客姓名。

（9）代理人可按团名或团体中任一旅客姓名提取该 PNR。

（10）在建立团体 PNR 后，代理人可根据实际需要取消或分离部分旅客，分离出的新 PNR 仍为团体 PNR，并且团体名称仍为原团体名称。

（11）即使航班有座位，团体 PNR 的座位状态也应申请，该申请会进入航空公司相应的信箱（QUEUE）中，工作人员确认座位。若有座位，工作人员会将行动代码由“HN”改为“KK”；若没有座位，将行动代码由“HN”改为“UU”。

（12）团体客票应至少在航班起飞前一周出票。

团体旅客订座记录的其他组与散客订座记录的其他组输入一致。

### 4.6.2　团体 PNR 的提取

团体 PNR 可以按照非团体 PNR 提取方式提取，指令如下。

1. >RT:xxxxx

【说明】

根据记录编号提取。

2. >RT:GAO/CA1301/10DEC/0

【说明】

根据旅客姓名提取。

3. >ML:C/CA1301/10DEC

【说明】

序号根据旅客名单提取。

4．>RRT:V/xxxxx/CA1301/10DEC

【说明】
根据航空公司记录编号提取。

5．>RT:C/xxxxx

【说明】
查看 PNR 完整的内容。

6．>RT:U1

【说明】
查看 PNR 的历史部分。

7．>RT:A

【说明】
返回到 PNR 的当前执行部分。

8．>RT:xxxxx，>RT:N 或>RT:N/xxxxx

【说明】
提取旅客名单。

例 42：根据 PNR 编号提取团体记录 BNWE5Y。

```
>RT:BNWE5Y

 0. 12CAAC/GROUPNM12 BNWE5Y
13. CA4122 Y   TH20JAN  PEKKMG RR12  1200 1500
14. 0315-2812992
15. TL/6023344751-62
16. BJS123
```

例 43：提取以上 PNR 中所有旅客的姓名。

```
>RT:N

0. 12CAAC/GROUPNM12BNWE5Y
1. 福满星 2.高进驹 3.葛修卫 4.李金 5.李亚军
6. 孙家豪 7.孙兰 8.王雅 9.肖娅 10.杨芬
11. 杨芳 12.张欢
13. CA4122 Y   TH20JAN  PEKKMG RR12  1200 1500
14. 0315-2812992
15. TL/6023344751-62
16. BJS123
```

### 4.6.3　团体 PNR 的分离

4.4.5 节中已经介绍了 PNR 的分离，即由于部分旅客需要更改行程或其他原因，而需用 SP 指令将其分离出来。需要说明的是，有的航空公司要求 PNR 不能分离，涉及该公司航段的记录就无法进行分离。

团体 PNR 有它的特殊性，主要体现在旅客姓名上。

### 1. 已输入旅客姓名的团体 PNR 的分离

分离已输入姓名的团体 PNR 与分离普通 PNR 的方法相似。

指令格式：

```
>SP:旅客姓名序号/旅客姓名序号/…
```

例 44：上例 PNR 中 12 名旅客的姓名都已经输入，现在要将序号 1、4、5 的旅客分离出来。输入：

```
>SP:1/4/5

0. 3CAAC/GROUP  NM3
1. 福满星 2.李金 3.李亚军
4. CA4122 Y   TH20JAN  PEKKMG RR12  1200 1500
5. 0315-2812992
6. TL/6023344751-62
7. BJS123
```

封口形成新的 PNR。

```
>@

CA4122 Y TH20JAN  PEKKMG HN3  1200 1500
MD7T2Y  SPLIT FROM  BNWE5Y
```

【说明】

（1）“MD7T2Y”是从“BNWE5Y”中分离出来的。

（2）“MD7T2Y”是新生成的三人记录。

（3）“BNWE5Y”是原 PNR 中除去三人后的记录。

提取两条 PNR，可以看到三名旅客被分离出来了。

```
>RT:N/ MD7T2Y
>SP:1/4/5

0. 3CAAC/GROUP  NM3
1. 福满星 2.李金 3.李亚军
4. CA4122 Y   TH20JAN  PEKKMG RR3  1200 1500
5. 0315-2812992
6. TL/6023344751-62
7. BJS123
>RT:N/ BNWE5Y

0. 8CAAC/GROUP  NM8
1. 福满星 2.高进驹 3.葛修卫 4.孙家豪 5. 孙兰
6 王雅. 7 肖娅. 8 杨芬.
9. CA4122 Y   TH20JAN  PEKKMG RR8  1200 1500
```

```
10. 0315-2812992
11. TL/6023344751-62
12. BJS123
```

### 2. 未输入旅客姓名的团体 PNR 的分离

分离未输入姓名的团体 PNR 时，只需要指定所要分离的旅客人数，而不涉及旅客序号。

指令格式：

```
>SP:G/座位数
```

例 45：有以下 PNR，现在要从这条 PNR 中分出一条 5 人的 PNR。

```
>RT:KYKY6G

0. 15DISINI  NM0 KYKY6G
1. CZ3609 T   SU14FEB  CANSHA HN15  0750 0940
2. 65438790
3. TL/1200/01FEB/BJS123
4. BJS123
```

继续输入：

```
>SP:G5
0. 5DISINI  NM0
1. CZ3609 T   SU14FEB  CANSHA HN5   0750 0940
2. 65438790
3. TL/1200/01FEB/BJS123
4. BJS123
```

封口以后形成新的 PNR：

```
>@

CZ3609  T SU14FEB  CANSHA HN5   0750 0940
MQQFD4 SPLIT FROM  KYKY6G
```

再提取两条 PNR，看到 5 名旅客已经被分离出来了。

```
>RT MQQFD4

0.5KKK NM0 MQQFD4
1. CZ3609 T   SU14FEB  CANSHA HN5   0750 0940
2. 65438790
3. TL/1200/01FEB/BJS123
4. BJS1231
>RT KYKY6G

0. 10KKK NM0KYKY6G
1. CZ3609 T   SU14FEB  CANSHA HN10  0750 0940
2. 65438790
3. TL/1200/01FEB/BJS123
4. BJS123
```

# 思考与练习 4

## 一、思考题

1．什么是旅客订座记录？其主要作用是什么？

2．旅客订座记录的基本项有哪些？

3．根据显示信息回答问题。

```
1.王贤 QPN5FR
2. HU7281 Y   TH25OCT  HAKPEK  HK1   0800 1125      E
3.T HAK/HAK/T 0898-5371191/HU AIRLINES HAK BAI LONG ROAD BOOK
4. 13813247639
5.TL/1800/22OCT/HAK007
```

（1）显示以上信息应输入什么操作指令？

（2）旅客行程、舱位、执行该航班任务的承运人、飞行时间、旅客联系方式、出票时限分别是什么？

4．根据下列旅客姓名，写出输入姓名组的指令。

（1）旅客姓名：李明、张巧、王刚。

（2）旅客姓名：李明、李巧、李刚。

（3）旅客姓名：JOHN SMITH、MARY WHITE。

（4）旅客姓名：JOHN SMITH、MARY SMITH。

（5）旅客姓名：张华（有人陪伴的 8 岁儿童）。

（6）旅客姓名：李华（无人陪伴的 8 岁儿童）。

（7）旅客姓名：张乔明（成人旅客）、张晓（2018 年 8 月 15 日出生的婴儿）。

## 二、实操练习

要求：根据以下信息为旅客建立 PNR，在终端上完成操作。

1．旅客赵三，电话为 13111111111，预订 5 月 8 日海口至上海虹桥的航班，舱位等级为 Y，为旅客建立 PNR。

2．旅客陈静，电话为 13345789111，预订 6 月 28 日南宁至大连，7 月 5 日大连至南宁的航班，舱位等级为 Y，为旅客建立 PNR。

3．旅客成海，电话为 18611111111，身份证号码为 510502000008282157，预订 8 月 3 日北京至海口普通舱的航班，为旅客建立 PNR。

4．旅客林彤，电话为 88000000，预订 6 月 6 日北京至长沙 F 舱的航班，申请穆斯林餐食，为旅客建立 PNR。

5. 旅客孙莉，年龄为 10 岁，预订 12 月 1 日成都至三亚 Y 舱的航班，电话为 66000000，家人为她办理无人陪伴儿童申请，为旅客建立无人陪伴儿童信息。

6．旅客甘召亭，电话为 11111144321，身份证号码为 522612000003215412，携带黄佳（婴儿，出生日期为 2018 年 12 月 1 日），预订 2 月 19 日长沙至西安经济舱的航班，为旅客建立婴儿服务信息，并添加自动计算票价组。

7．旅客张昭，电话为 111111198346，身份证号码为 462203000011253122，预订 10 月 2 日广州至郑州海南航空 Y 舱的航班，为旅客建立 PNR，并添加自动计算票价组。

8．旅客张明，电话为 11111114876，预订 12 月 15 日西安至北京 Y 舱的航班，预计 12 月 25 日从北京返回西安的航班，由于时间不确定，返程为 OPEN 航段，为旅客订票。

9．青年旅行社一团队 12 人，预订 12 月 15 日北京至海口 Y 舱的航班，同时预订 5 天后海口返回北京的航班，为该旅行团建立团体 PNR。

10．某旅行社团队 18 人，预订 12 月 23 日北京至香港 Y 舱，为该旅行团建立团体 PNR。一天后该团其中有三名旅客因个人原因取消订座，将三人从订座记录中分离。

11．有三名旅客姓名分别为李军、陈浩明（身份证号码为 430105000001062989）、张红然（身份证号码为 340101000004221579），预订 8 月 20 日 CZ3111 广州至北京公务舱的航班，8 月 22 日郑州至广州 CZ3391 经济舱的航班，其中李军的身份是大使，其护照号码为 12345678，要订无盐餐食，为旅客建立 PNR。已知 8 月 20 日 CZ3111 起飞时间为 13:20，到达时间为 16:00；8 月 22 日 CZ3391 起飞时间为 8:30，到达时间为 10:30。在客票打印前，须输入票价、相关折扣及其他签注信息。

12．旅客李华，预订 12 月 15 日西安至北京经济舱的航班，然后由北京坐高铁到达上海，预订 12 月 25 日上海至西安的航班，但由于时间不定，预订经济舱 OPEN 航段，为该旅客建立 PNR。

13．两名旅客张华、吕克，于 11 月 21 日预订 11 月 25 日北京至昆明 Y 舱的航班，11 月 30 日昆明至成都 Y 舱的航班。两天后即 11 月 23 日，张华因有事 11 月 25 日不能前往旅行，吕克决定将行程推后 3 天，且取消 11 月 30 日从昆明到成都的行程。为该两名旅客建立 PNR。

# 第 5 章　电子客票销售实务

## 学习目标

**【知识目标】**

（1）了解电子客票的概念、特点及种类。

（2）了解电子客票行程单的含义及作用。

（3）了解旅客购票有效证件的种类。

（4）了解客票有效期的规定。

（5）了解电子客票的样式和电子客票票面状态。

（6）掌握电子客票票面提取指令格式及含义。

（7）掌握电子客票出票步骤、指令格式及含义。

（8）了解电子客票的销售渠道。

**【技能目标】**

（1）能使用 DETR 等指令完成提取电子客票记录的操作。

（2）能使用 ETDZ 等指令完成电子客票出票的操作。

（3）能识别电子客票票面状态。

（4）能识别购票的有效证件。

**【素质目标】**

（1）培养专业严谨、认真细致的工作作风。

（2）诚实守信、善于沟通、富有爱心的职业素养。

（3）具有集体意识和团队合作品质。

电子客票基础知识

## 5.1　电子客票基础知识

### 5.1.1　电子客票的概念

电子客票是纸质机票的一种电子映像，英文为 Electronic Ticket，简称 ET，是一种不通过纸质机票就能实现客票销售、旅客乘机及相关服务的客票方式的有价凭证。电子客票将旅客信息电子化后存储在航空公司订座系统的电子客票数据库中，同时将普通纸质机票的票面内容显示在订座和离港的终端上。和传统机票一样，电子客票能够实现客票销售、旅客乘机、业务结算等功能，区别就在于电子客票是一种虚拟机票，是一组电子号码记录，旅客凭借这组数字和身份证就可以直接办理值机、安检和登机等手续。

1994 年，世界上第一张电子客票在美国西南航空公司诞生，以其使用便利、防丢防假、印制运输管理成本大大降低和结算速度显著提升等突出优势迅速占领市场。2000 年 3 月 28 日，南航率先推出国内第一张电子客票（本票电子客票）。国际航空运输协会（IATA）于 2004 年 6 月开始推行电子客票，该计划启动时，全球只有 18%的机票是电子客票。2004 年 9 月 1 日，海航在国内率先推出 BSP 电子客票。根据 IATA 全球实施电子机票的统一部署，从 2008 年 6 月 1 日起，包括中国在内的全球机票代理机构全面停售纸质机票。而目前 IATA 庞大的会员航空公司中，已经 100%可以销售电子客票。这标志着民航客票电子化计划取得了成功。目前，国际上航空公司直销普遍采用电子客票方式，代理人电子客票销售的比例也已达到了 100%。

### 5.1.2 电子客票的特点和优势

#### 1. 电子客票的特点

（1）电子客票是普通机票的一种替代品。纸票将相关信息打印在专门的机票上，而电子客票则将票面信息存储在订座系统中。电子客票采用全部电子化的结算流程，不需要纸质票联就能完成结算。

（2）电子客票可以像纸质机票一样，执行出票、作废、退票、换票等操作。售票员可以随时提取电子客票，查看客票的信息，包括姓名、航段、票价、签注等。

（3）旅客只要出示有效身份证件就可以办理乘机手续。

#### 2. 电子客票的优势

电子客票之所以能在短时间内快速发展并得到航空公司和旅客的青睐，主要在于它具备了相对传统纸制机票诸多的优势。与纸质机票相比，电子客票的优势如下。

（1）服务共赢。电子客票为航空公司和旅客带来了诸多利益。对于旅客，有更多的选择和便利，旅客可通过互联网购买机票和使用银行卡支付票款，无须再到售票柜台去付款，不用送票、取票，直接到机场凭有效身份证件办理乘机手续；对于航空公司，可以更加有效地降低成本、节省时间，实现票证管理的电子化，同时，也便于航空公司开展个性化服务。

（2）节约成本。使用纸质机票的成本包括印刷费、运输费、保管费、回收费、人工统计费、人工结算费等，将近 30 元，而使用电子客票成本可节约 2/3 以上。电子客票不需要机票打印设备，也可以为航空公司节约固定成本。根据国外航空公司的统计，电子客票的营销成本仅为纸质机票成本的 10%左右。

（3）安全便捷。纸质机票容易丢失、损坏，一旦丢失、遗忘就无法登机，电子客票存储在订座系统中，不存在客票造假和遗失客票的情况。此外，纸质机票可能被涂改、伪造，电子客票则不存在类似的问题，任何对于电子客票的修改操作都将在订座系统中有专门记录，可以随时查询，电子客票也不会因为打印字迹模糊等原因影响旅客使用。

（4）管理高效。纸质机票需要复杂的管理过程，票证的印刷、分发、监督、回收都需要大量的人力、物力。电子客票有统一、方便的票证管理系统，通过电子数据进行票证管理，使管理更加便利、高效。

（5）节能环保。使用电子客票不会消耗纸张，也就不会有垃圾等污染物。不需要打印，也就避免了打印造成的噪声污染，有利于实现无纸化办公。

与此同时也要看到，电子客票的流程与业务也具有与纸质机票基本相同的复杂性。因为它的使用也涉及运输、市场、安检、财务、结算、常客等多个业务部门和职能部门，电子客票系统与航空公司的订座系统、运价系统、离港系统、财务系统、结算系统、常客系统和银行支付系统等多个系统直接关联，同时也与客运的相应业务和服务有关，因此必须有足够的系统支持，保证实现电子客票生命周期内的全程管理。

### 5.1.3　电子客票的种类

电子客票按照运输类型分为国内电子客票和国际电子客票，按使用对象分为航空公司本票电子客票和 BSP 电子客票。

#### 1．航空公司订座系统填开的本票电子客票

本票电子客票（ICS-ET）由航空公司自行分配，其票面信息的右上方显示“ARL-D”或“ARL-I”，表示国内客票或国际客票。

ICS 是航空公司人员使用的航空公司订座系统。ICS 是一个集中式、多航空公司的系统。每个航空公司享有自己独立的数据库、独立的用户群、独立的控制和管理方式，各种操作均可以个性化，包括航班班期、座位控制，运价及收益管理，航空联盟、销售参数控制等和一整套完备的订座系统。

#### 2．代理人订座系统填开的 BSP 电子客票

BSP 电子客票（BSP-ET）由 IATA 统一分配，供机票代理人销售使用，其票面信息的右上方显示为“BSP-D”或“BSP-I”，表示国内客票或国际客票。

BSP 表示的是开账与结算计划（Billing and Settlement Plan），这是 IATA 根据协会会员航空公司的要求，为适应国际航空运输的快速发展，扩大销售网络，规范销售代理人的行为，为航空公司提供公平竞争的平台，而建立的供销售代理人使用的一种中性机票销售和结算的系统，它所推行的电子客票就是 BSP 电子客票。

### 5.1.4　电子客票行程单

电子客票行程单是旅客购买电子客票的付款凭证或报销凭证，采用一人一票制，不作为机场办理乘机手续和安全检查的必要凭证使用。

电子客票行程单（如图 5-1 所示）票面内容包括：印刷序号、旅客姓名、有效身份证件号码、签注、航程、承运人、航班号、座位等级、日期、时间、客票生效日期、有效截止日期、免费行李、备注、票价、机场建设费、燃油附加费、其他税费、合计、电

子客票号码、验证码、连续客票、保险费、销售单位代号、填开单位（盖章）、填开日期、查询网址等。

《航空运输电子客票行程单》（以下简称《行程单》）纳入发票管理范围，由国家税务总局负责统一管理，套印国家税务总局发票监制章。经国家税务总局授权，民航局负责全国《行程单》的日常管理工作。《行程单》打印系统由民航局授权中国民航信息网络股份有限公司开发，公共航空运输企业也可自行开发本公司《行程单》打印系统，经民航局审验合格后使用。开发单位负责系统运行维护与技术支持，提供查验《行程单》真伪的网站、热线电话或短信等服务。公共航空运输企业和航空运输销售代理企业在旅客购票时，应使用统一的打印软件开具《行程单》，不得手写或使用其他软件套打，打印项目、内容应与电子客票销售数据内容一致，不得重复打印，并应告知旅客《行程单》的查验途径。《行程单》遗失不补。

图 5-1　电子客票行程单

## 5.2　国内客票销售一般规定

国内客票销售一般规定

### 5.2.1　购票的有效身份证件

“有效身份证件”是指旅客购票和乘机时必须出示的由政府主管部门规定的证明其身份的证件。

#### 1．购票证件的一般规定

（1）身份类证件。本人有效居民身份证或公安机关出具的其他有效身份类证件。

（2）护照类证件。外国人、华侨、港澳同胞、台湾同胞、外籍华人购票，须出示有效护照、回乡证、台胞证、居留许可或公安机关出具的其他有效身份证件。

（3）军人类证件。法定不予颁发或尚未领取居民身份证的人民解放军、人民武装警察、官兵及其文职干部、离退休干部，可以使用军官证、警官证、士兵证、文职干部或离退休干部证明。

（4）未成年人证件。16 周岁以下未成年人购票乘机，可使用学生证、户口簿。12 周岁以下儿童购票凭户口簿，购买婴儿票应提供出生证。

购买儿童票、婴儿票，应提供儿童、婴儿出生年月的有效证明。儿童按照同一航班成人普通票价的 50%购买儿童票，提供座位。婴儿按照同一航班成人普通票价的 10%购买婴儿票，不提供座位；如需要单独占座位时，应购买儿童票。每个成人旅客携带婴儿超过一名时，超过的人数应购买儿童票。

### 2．购票证件特殊情况下的处理

（1）尚未领取居民身份证或士兵证的，可使用当地公安机关或所在部队出具的临时身份证明。临时身份证明应贴有本人近期免冠一寸照片，写明姓名、性别、年龄、工作单位、有效日期并加盖公章。

（2）出席全国或省、市、自治区的党代会，人代会，政协会，工会组织、共青团、妇联代表大会和劳模会的代表，无身份证件者，凭所属县团级（含）以上党政军主管部门出具的临时身份证明，予以售票、放行。

（3）急病、伤患者和陪同的医护人员及家属，亟须乘机转赴外地治疗，但又不能出示居民身份证，可凭医院证明，经运输航空公司、机场最高值班领导批准，予以购票，办理乘机手续。

（4）为了方便一些年龄已高的老年人乘坐飞机外出旅行、探亲，凡无身份证件者，可凭接待单位、本人原工作单位或子女配偶工作单位（上述单位必须是县团级以上的），或者现居住地户籍管理部门出具证明，予以售票，经过安全检查放行乘机。

（5）国家机关工作人员因故外出不在单位所在地，而其单位又亟须为其预购机票，可凭所在单位出具的证明信和购票人员身份证件予以购票。但在办理乘机手续时，必须核查居民身份证或上述所列有效身份证明。

（6）凡经国家批准的有突出贡献的中、青年科学技术管理专家，外出工作参加学术会议等，可凭中华人民共和国人事部颁发的《有突出贡献中青年科学家证书》，在全国各地的民航售票处优先购买机票。

（7）省部级（含副职）以上的要客，如无居民身份证，可凭购票介绍信和省部级（含）以上单位出具的身份证明予以购票，办理乘机手续。

（8）持民航局出具的免票、购买 1/4 票、乘机介绍信（由民航局出具的写有乘机人姓名、单位、职务、乘机航程、事由等项内容）的旅客，购票时须持本人居民身份证。

（9）中华人民共和国全国人民代表大会代表、中国人民政治协商会议全国委员会委员，可凭本届代表证、委员证予以购票。

（10）旅客的居民身份证被盗或丢失的，凭报失地公安机关或机场公安机关出具的临时身份证明或临时登机证明，予以售票，办理乘机手续。

如身份证件过期或遗失，具备下列材料之一者，可以申办《乘坐民航飞机临时身份证明》：

旅客的过期、破损居民身份证或临时居民身份证原件；

旅客的户口簿原件及复印件；

旅客的中华人民共和国机动车驾驶证；

国内机场公安机关 6 个月内为旅客出具的完整的《乘坐民航飞机临时身份证明》原件。

旅客户籍所在地公安机关出具的户籍证明原件或传真件。

### 5.2.2 客票的有效期

（1）正常票价客票的有效期自旅行开始之日起一年内运输有效。如果客票全部未使用，则从填开客票之日起，一年内运输有效。

（2）有效期从旅行开始之日或填开客票之日的次日零时起至有效期满之日的次日零时为止。例如，2002 年 2 月 1 日为旅行开始日或填开客票之日，客票有效期从 2002 年 2 月 2 日零时开始至 2003 年 2 月 2 日零时为止。

（3）变更后客票的有效期仍以变更前客票的有效期为准。

（4）特种客票的有效期按照承运人规定的票价限制条件的有效期计算。

## 5.3 电子客票操作

### 5.3.1 电子客票的样式

电子客票应当至少包括下列内容：

- 出票航空公司；
- 旅客姓名和身份信息；
- 航班起始/到达城市；
- 订座情况、免费行李重量、有效期；
- 票价和付款方式；
- 票号；
- 运输说明事项。

电子客票内容如图 5-2 所示。

【说明】

（1）ET 标识。

BSP-D：BSP 电子客票——国内。

BSP-I：BSP 电子客票——国际。

ARL-D：航空公司本票电子客票——国内。

ARL-I：航空公司本票电子客票——国际。

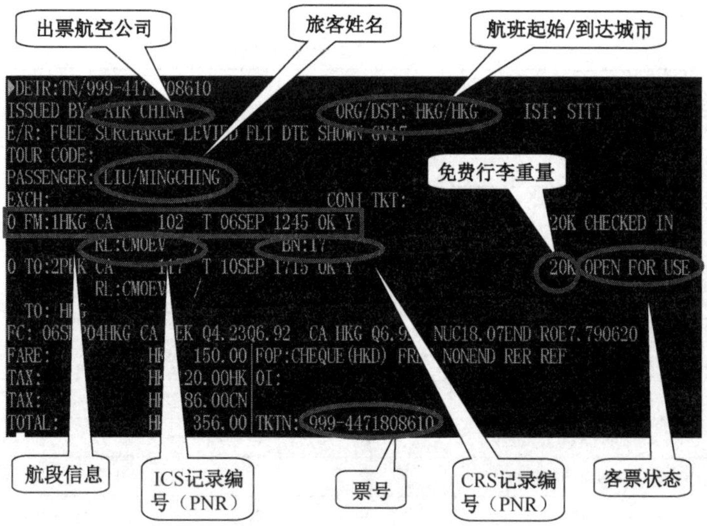


图 5-2　电子客票内容

（2）E/R：EI 信息。

（3）TOUR CODE：TC 信息，该客票无 TC，因此是空白的。

（4）EXCH：换开的原票票号，该客票不是换开的客票，因此是空白的。

（5）CONJ TKT：连续客票，该客票是非连续客票，因此是空白的。

（6）FM 前面的 0：转机标识，0 表示大于 24h，X 表示小于 24h。

（7）OK：座位状态。

用代号表示客票出售时相关航段的订座情况，订座情况代号如下：

OK 表示已订妥座位；

RQ 表示已申请或候补；

NS 表示婴儿不占座；

SA 表示等候空余座位；

OPEN 表示不定期。

（8）FC：FC 信息。

（9）FARE：票价。

（10）TAX：税项。

（11）TOTAL：总金额。

（12）FOP:CHEQUE：付款方式。

## 5.3.2　电子客票票面状态

电子客票票面状态是客票上最重要的信息之一，识别客票状态是对电子客票进行下一步操作的基础，如对客票办理值机、变更、签转、退票等手续时，必须识别票面状态后按规定办理。电子客票状态见表 5-1。

表 5-1　电子客票状态

| 编　　号 | 客 票 状 态 | 状态指示代码 | 说　　明 |
|---|---|---|---|
| 1 | OPEN FOR USE | O | 客票有效 |
| 2 | VOID | V | 已作废 |
| 3 | REFOUND | R | 已退票 |
| 4 | CHECK IN | C | 正在办理登机 |
| 5 | CHECKED IN | C | 已值机 |
| 6 | USED/FLOWN | F | 客票已使用 |
| 7 | PRINT/EXCH | P | 客票已换开为纸票 |
| 8 | SUSPENDED | S | 客票已挂起 |
| 9 | AIRPORT CONTROL | A | 机场控制状态 |
| 10 | EXCHANGED/REISSUED | E | 客票已换开重新出票 |
| 11 | EXCHANGED /FIM | E | 客票因中转需要由机场地面服务人员换开 |
| 12 | LIFTED/BOARDED | L | 旅客已登机 |
| 13 | UNAVAILABLE | U | 客票不可用 |

【说明】

（1）OPEN FOR USE 状态的客票记录将在系统中保留一年，其他状态的电子客票记录在系统中保留 3 个月。

（2）SUSPENDED 挂起操作可以更好地保护代理人的利益，避免其销售电子客票时存在的风险，一般用于客票已出，但旅客票款未到账的情况。

指令执行方式如下。

①散客适用。

挂起：

```
TSS:TN/TICKET NUMBER/S
```

解挂：

```
TSS:TN/TICKET NUMBER/B
```

例 1：挂起与解挂。

```
TSS:TN/999-2401111111/S
TSS:TN/999-2401111111/B
```

②团队适用。

挂起：

```
TSS:CN/记录编号/出票日期/S
```

解挂：

```
TSS:CN/记录编号/出票日期/B
```

出票日期按照 DDMMMYY 的格式输入（如 16MAR17）。

例 2：团队挂起与解挂。

```
TSS:CN/KLMT3C/15DEC07/S
TSS:CN/KLMT3C/15DEC07/B
```

执行挂起指令后，电子客票状态将由“OPEN FOR USE”变为“SUSPENDED”，在这种状态下其他任何操作（包括办理登机手续）将被禁止。

电子客票的挂起和解挂必须由同一个工作号的工作人员完成，并且要严格按照上述格式操作，一定要在指令格式后紧接着输入“XMIT”，不要在格式后面加空格或其他信息，否则无法解挂。

### 5.3.3 提取电子客票记录

提取电子客票记录使用 DETR 指令，DETR 指令用于显示电子客票、打印电子客票行程单及发票。当超过一条电子客票记录满足 DETR 指令输入的查找内容时，将列出所有有效的电子客票记录。如果只有一条符合查询要求的电子客票记录，系统会显示这张电子客票的详细信息。

提取电子客票票面指令见表 5-2。

表 5-2 提取电子客票票面指令

| 编 号 | 指令格式 | 指令说明 |
|---|---|---|
| 1 | DETR:TN/票号 | 按照票号提取电子客票记录 |
| 2 | DETR:NM/旅客姓名 | 按照旅客姓名提取电子客票记录 |
| 3 | DETR:NI/身份证号 | 按照身份证号提取电子客票记录 |
| 4 | DETR:CN/PNR 编号 | 按照航空公司订座记录编号提取电子客票记录 |
| 5 | DETR:TN/票号,H | 在 ICS 的数据库中提取历史记录 |
|  | DETR:TN/票号,F | 提取电子客票旅客的身份识别号码 |

#### 1. 按照票号提取

例 3：输入相关指令后运行结果如下。

```
DETR:TN/784-5500010002
ISSUED BY: CHINA SOUTHERN AIRLINES   ORG/DST: CAN/CSX    ISI: SITI   ARL-D
TOUR CODE:
PASSENGER: TESTCZET
EXCH:                               CONJ TKT:
0 FM:1CAN CZ    3917  Y 06DEC 0845 OK Y    02DEC5/06DEC6 20K OPEN FOR USE
RL:/D346VB
TO: CSX
FC: 06DEC05CAN CZ CSX500.00CNY500.00END
FARE:          CNY   500.0|FOP:CA()
TAX:           CNY  50.0CN|OI:
TAX:           CNY  40.0YQ|
TOTAL:         CNY   590.0|TKTN: 784-5500010002
```

【说明】

按照票号提取电子客票记录。

### 2. 按照旅客姓名提取

例 4：输入相关指令后运行结果如下。

```
DETR: NM/TESTCZET
ISSUED BY: CHINA SOUTHERN AIRLINES   ORG/DST: CAN/CSX    ISI: SITI   ARL-D
TOUR CODE:
PASSENGER: TESTCZET
EXCH:                             CONJ TKT:
0 FM:1CAN CZ    3917  Y 06DEC 0845 OK Y          02DEC5/06DEC6 20K OPEN FOR USE
RL:/D346VB
TO: CSX
FC: 06DEC05CAN CZ CSX500.00CNY500.00END
FARE:          CNY   500.0|FOP:CA()
TAX:           CNY  50.0CN|OI:
TAX:           CNY  40.0YQ|
TOTAL:         CNY   590.0|TKTN: 784-5500010002
```

【说明】

按照旅客姓名提取电子客票记录。

例 5：输入相关指令后运行结果如下。

```
    DETR:NM/王兰

    TOO  MANY  TICKET ENTRY
```

【说明】

按照旅客姓名提取电子客票记录，由于重名旅客较多，需要通过其他方式提取电子客票记录。

例 6：输入相关指令后运行结果如下。

```
    >DETR:TN/784-5500010002，F
    NAME: TESTCZET   TKTN:7845500010002
    1            NI793281199402160054
```

【说明】

提取电子客票旅客的身份识别号码。

### 3. 按照身份证号提取

例 7：输入相关指令后运行结果如下。

```
DETR:NI/793281199402160054
ISSUED BY: CHINA SOUTHERN AIRLINES   ORG/DST: CAN/CSX    ISI: SITI   ARL-D
TOUR CODE:
PASSENGER: TESTCZET
EXCH:                             CONJ TKT:
0 FM:1CAN CZ    3917  Y 06DEC 0845 OK Y          02DEC5/06DEC6 20K OPEN FOR USE
RL:/D346VB
TO: CSX
```

```
FC: 06DEC05CAN CZ CSX500.00CNY500.00END
FARE:           CNY   500.0|FOP:CA()
TAX:            CNY  50.0CN|OI:
TAX:            CNY  40.0YQ|
TOTAL:          CNY   590.0|TKTN: 784-5500010002
TAX:            CNY  40.0YQ|
TOTAL:          CNY   590.0|TKTN: 784-5500010002
```

【说明】

按照身份证号提取电子客票记录。

### 4. 按照航空公司订座记录编号提取

例 8：输入相关指令后运行结果如下。

```
DETR: CN/D346VB
ISSUED BY: CHINA SOUTHERN AIRLINES   ORG/DST: CAN/CSX    ISI: SITI   ARL-D
TOUR CODE:
PASSENGER: TESTCZET
EXCH:                           CONJ TKT:
0 FM:1CAN CZ    3917  Y 06DEC 0845 OK Y          02DEC5/06DEC6 20K OPEN FOR USE
RL:/D346VB
TO: CSX
FC: 06DEC05CAN CZ CSX500.00CNY500.00END
FARE:           CNY   500.0|FOP:CA()
TAX:            CNY  50.0CN|OI:
TAX:            CNY  40.0YQ|
TOTAL:          CNY   590.0|TKTN: 784-5500010002
TOTAL:          CNY   590.0|TKTN: 784-5500010000
```

【说明】

按照 PNR 编号提取电子客票记录。

## 5.3.4 电子客票出票

电子客票出票

在为旅客订妥座位后，还需要继续完成出票操作。这里介绍建立 PNR 并进行出票操作。

电子客票使用 ETDZ 指令出票。

指令格式：

```
    >ETDZ:打票机号
```

【说明】

出电子客票。

指令格式：

```
    >ETDZ:打票机号/旅客编号或编号范围
```

【说明】

出指定旅客的电子客票。

在完成电子客票出票后，系统会在 PNR 中加入电子客票票号项（SSR TKTN）。如果电子客票出票失败，系统可能返回“××× ERROR”的错误提示，×××是错误编号。

成功出票举例：

```
    >ETDZ:4

    CNY590.00   D346VB
    ET PROCESSING…PLEASE WAIT!
    ELECTRONIC TICKET IEEUED
```

【说明】

代理人执行 ETDZ 指令之后，系统首先会返回金额和 CRS PNR 编号，然后出现“ET PROCESSING…PLEASE WAIT!”提示，最终出票成功后系统返回信息为“ELECTRONIC TICKET IEEUED。”

电子客票出票成功的标识是“ELECTRONIC TICKET IEEUED”，如果没有出现该提示信息，表示该电子客票没有出票成功，出票代理人可以用 TSL 指令查看出票失败的票号，在当天还可以用出票重试 ETRY 指令将出票失败的 PNR 重新出票，建议代理人出票以后提取 PNR 并核对。

### 1. 直接出票实例

例 9：旅客购买 12 月 10 日北京至上海 CA1501 航班 Y 舱，票价为 1360.00。

```
    >AV:PEKSHA/10DEC/CA

10DEC (THU) PEKSHA VIA CA
1-  CA1831  PEKSHA 0730   0940   330 0^B    E    EFA AQ OQ YA BQ<T3-->
                 MQ HQ KQ LQ QQ GQ SA XQ NQ VQ UQ WQ TQ EQ
             ** V1Q U1Q
2   CA1883  PEKPVG 0800   1010   738 0^B    E    EFC AC OC YC BC<T3-->
                 MC HC KC LC QC GC SC XC NC VC UC WC TC EC
             ** V1C U1C
3   CA1501  PEKSHA 0830   1040   772 0^B    E    EFA AQ OQ YA BQ<T3-->
                 MQ HQ KQ LQ QQ GQ SA XQ NQ VQ UQ WQ TQ EQ
             ** V1Q U1Q
4+  CA1519  PEKSHA 0930   1140   738 0^S    E    EF8 AS OS YA BS<T3-->
                 MS HS KS LS QS GS SA XS NS VS US WS TS ES
             ** V1S U1S
**  **  CZ-SHA  CHECK IN 45 MINUTES BEFORE DEPARTURE
```

输入：

```
    >SD:1Y/RR1

      NM:1 王军
      CT:66017755
```

```
SSR FOID CA HK/NI1234567890/P1
FN FCNY 1130.00/ SCNY1130.00/ C0.00/ TCNY 50.00CN/ TEXEMPTYQ
FC PEK CA SHA 1130.00YCNY 1130.00 END
FP CASH, CNY
1. 王军
2. CA1831 Y   TH10DEC  PEKSHA RR1   0730 0940      330 B 0 RE T3--
3. 66017755
4. FC/M/PEK CA SHA 900.00YB CNY900.00END
5. SSR FOID CA HK1 NI1234567890/P1
6. FN/M/FCNY900.00/SCNY900.00/C4.00/ACNY900.00
7. FP/CASH,CNY
8. PEK003
```

输入：

```
    >ETDZ:18
```

【说明】

18 是打票机序号。

输出：

```
    CNY1180.00      CG02S
    ET PROCESSING…PLEASE WAIT!
    ELECTRONIC TICKET IEEUE
```

查看 PNR 状态，输入：

```
    >RT CG02S

**ELECTRONIC TICKET PNR**
1. 王军 CG02S
2. CA1831 Y   TH10DEC  PEKSHA RR1   0730 0940      E T3--
3. 66017755
4. T
5. SSR FOID CA HK1 NI1234567890/P1
6. SSR TKNE CA HK1 PEKSHA 1831 Y10DEC 9991110008001/1/P1
7. FN/M/FCNY1130.00/SCNY1130.00/C0.00/XCNY50.00/TCNY50.00CN/TEXEMPTYQ/
   ACNY1180.00
8. TN/999-1110008001/P1
9. FP/CASH,CNY
10. PEK003
```

【说明】

（1）在完成电子客票出票后，查看 PNR，系统会在 PNR 中生成电子客票标识：**ELECTRONIC TICKET PNR**。

（2）第 6 项：SSR TKNE 项。

（3）第 8 项：电子客票票号项。

出票以后提取 PNR 进行核对，如出票未成功可输入 ETRY 指令进行重新出票。

### 2. 预先订妥座位 PNR 出票实例

例 10：根据预订订座记录出票。

第一步，提取订座记录，输入：

```
    >RT CG02S

1. 王军  CG02S
2.  CA1831 Y   TH10DEC  PEKSHA RR1   0730 0940      330 B 0 RE T3--
3. 66017755
4. TL/0430/8DEC/PEK003
5. FC/M/PEK CA SHA 900.00YB CNY900.00END
6. SSR FOID CA HK1 NI1234567890/P1
7. FN/M/FCNY900.00/SCNY900.00/C4.00/ACNY900.00
8. FP/CASH,CNY
9. PEK003
```

第二步，取消出票时限组，输入：

```
    >XE4
```

【说明】

4 表示出票时限组所在项。

第三步，出票，输入：

```
    >ETDZ:18
```

【说明】

18 是打票机序号。

```
    CNY1180.00      CG02S
    ET PROCESSING…PLEASE WAIT!
    ELECTRONIC TICKET IEEUE
```

第四步，查看 PNR 状态，输入：

```
    >RT CG02S

      **ELECTRONIC TICKET PNR**
1. 王军 CG02S
2. CA1831 Y   TH10DEC  PEKSHA RR1   0730 0940      E T3--
3. 66017755
4. T
5. SSR FOID CA HK1 NI1234567890/P1
6. SSR TKNE CA HK1 PEKSHA 1831 Y10DEC 9991110008001/1/P1
7. FN/M/FCNY1130.00/SCNY1130.00/C0.00/XCNY50.00/TCNY50.00CN/TEXEMPTYQ/
   ACNY1180.00
8. TN/999-1110008001/P1
9. FP/CASH,CNY
10. PEK003
```

国内电子客票订座与出票业务流程如图 5-3 所示。

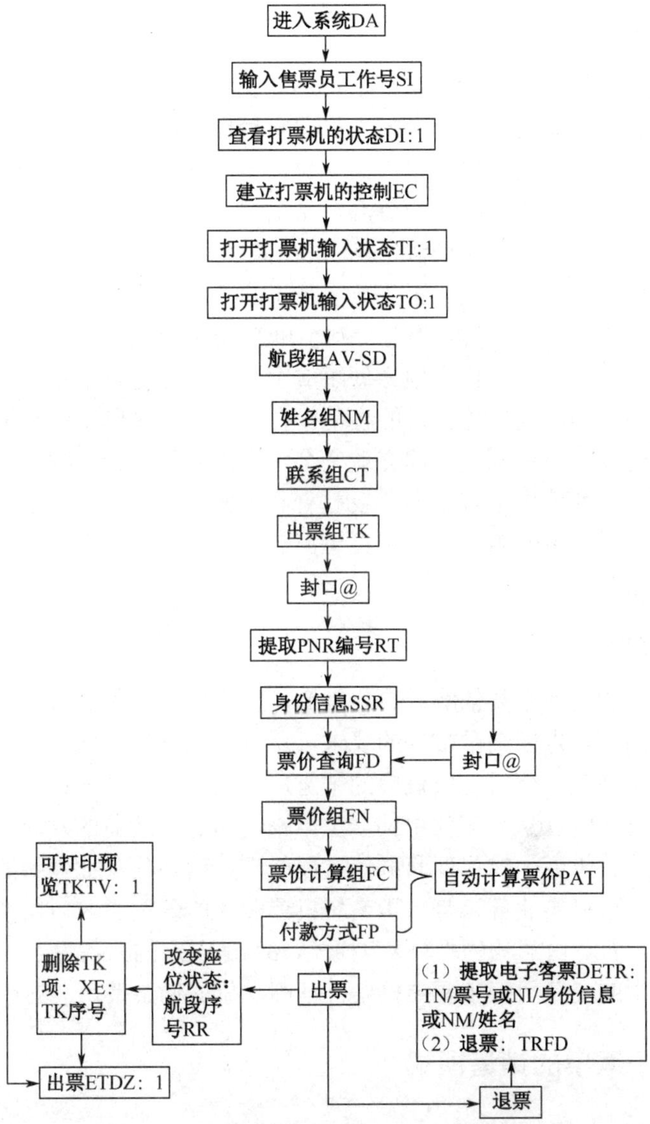


图 5-3　国内电子客票订座与出票业务流程

# 5.4　电子客票销售渠道

## 5.4.1　电子客票的销售渠道分类

电子客票的销售渠道主要分为航空公司直销和代理人分销两种，直销即航空公司通过各地营业部、直销网站、呼叫中心等方式直接面对旅客销售机票，这种模式属于 B2C（Business-to-Customer）模式。代理人分销即航空公司通过各地的代理商为其销售机票，然后支付给代理商一定的佣金，这种模式属于 B2B（Business-to-Business）模式。

### 1．航空公司直销

电子客票逐渐占领市场之后，航空公司逐渐认识到在新的售票市场环境下开展航空公司直销的重要性，于是发展直销并扩大机票直销比例成为航空公司的共识。航空公司发现，依赖分销渠道，除要向机票代理商支付佣金或向渠道商支付渠道使用费外，更重要的是航空公司并不能真正掌握客户资源，话语权也逐步丧失。以全球视野来看，发达国家运营良好的航空公司直销份额都达到了30%以上，英国航空公司、德国汉莎航空股份公司（简称汉莎航空）等大型全服务航空公司的直销份额更是达到了50%，航空公司手里掌握了大量的优质旅客资源，不会受制于机票代理人。同时，随着电子客票的兴起，纸质机票被淘汰出历史舞台，极大地方便了航空公司自己进行机票销售，加上电子商务的发展，航空公司更加重视搭建自己的直销平台，着重发展自己的直销体系。

航空公司通过增加直营网点、建立航空公司官网销售平台、建立呼叫中心等方式扩大自己的直销比例。尽管电子客票的普及更有利于航空公司直销机票的发展，但多年来机票代理人已掌握了大量的客户资源和渠道，想改变直销与分销渠道之间的份额地位，恐怕还有很长的路要走。

### 2．代理人分销

传统纸质机票的销售主要依赖机票代理商，因为航空公司的人力和资源是有限的，无法建立足够多的营业点以满足市场的要求，所以必然会催生出一个新的行业，即机票销售代理业，来帮助航空公司完成机票的销售，扩大航空公司的销售业绩。我国的民航机票销售代理业自20世纪80年代中期产生以来，随着民航业的发展而快速发展，形成了规模大小不一的数量庞大的代理商群体。民航机票销售代理业包括票务公司、旅游代理（旅行社从事销售机票业务）等从事销售机票业务的各类企业。航空公司通过票款返点支付票代佣金，即业内熟知的“3+X”模式，3%是固定的票款返点，“X”是客票销量的后返奖励。大型航空公司每年要向机票代理商支付的佣金费用高达数十亿元。

## 5.4.2　电子客票的销售模式

### 1．网点直营

航空公司在主要城市的机场、高级酒店、银行和其他繁华地段等开办机票直销销售点，减少中间环节，降低营业成本。建立航空公司的售票处网络，虽然一时投资较大，但从长远发展的战略眼光来看，增强了航空公司自主营销的能力，减少了销售代理费的长期支付。售票处的最大特点是可以为消费者提供“面对面”服务，这是其他销售渠道所不具备的。“面对面”服务的真实感留给消费者全方位的服务体验，这种体验将有助于提高销售方对消费者的黏性，吸引其再次购票。航空公司直属售票处通常处理“线上”无法涵盖或交易成本较高的业务，这部分个性化很强的业务是无法用其他方式来有效解决的，因此，售票处销售渠道无法被完全取代。售票处同时也是航空公司和销售代理人展示自身形象和实力的最佳平台，对其整体形象的提升有重要促进作用，有利于打造航空公司的品牌。

### 2．呼叫中心

呼叫中心也称为客户服务中心，现代呼叫中心是一种基于 CTI（Computer Telephony Integration，计算机电话集成）技术、人工或自动处理大量电话呼入呼出业务和服务的运营场所，它通过网络进行通信，共享网络资源，为客户提供一系列服务和支持，并进行市场推广和销售活动。

1956 年泛美航空公司建成了世界上第一家呼叫中心，在 20 世纪 80 年代，呼叫中心在欧美等发达国家的电信企业、航空公司、商业银行等领域得到了广泛的应用。20 世纪 90 年代中后期，随着中国经济的发展，呼叫中心概念被引入国内。呼叫中心销售渠道最初形成于航空公司的电话客服中心，随着 20 世纪 90 年代固定电话和 21 世纪前十年移动电话在中国的日益普及，航空公司纷纷推出了电话服务平台，用于为购票旅客提供各种信息和业务办理服务。由于销售流程的逐渐简化、支付方式的轻松便捷，航空公司开始意识到呼叫中心是可以成为其重要销售渠道的。特别是电子客票的全面推行，使航空公司跨过销售代理层直接将客票销售给终端旅客成为可能。旅客在航空公司加大“直销”领域投入的大背景下，呼叫中心销售渠道成为其关注的重点。

呼叫中心（如图 5-4 所示）帮助航空公司建立一个统一的旅客入口，这个入口能够为旅客提供统一、标准、及时、个性化、全天候和多渠道的服务。通过这个入口，航空公司可以收集、整理旅客的信息，形成旅客信息数据仓库，并逐步与航空公司自身的产品、知识数据库相结合，开展数据分析、数据挖掘、个性定制等强有力的后续手段。目前，呼叫中心被航空公司赋予更多职能，除国内、国际机票销售外，还有客票退改签、新产品促销、常旅客服务等更加全面的功能。

图 5-4　呼叫中心

不只是航空公司重视呼叫中心渠道，机票销售代理更依靠该渠道。例如，作为中国在线旅行代理商的携程旅行网（简称携程），通过发会员卡积累目标客户的同时，积极构建其呼叫中心。目前，携程在江苏南通建立了近两万个座席的呼叫中心，全国各地的机票业务、订房业务都可以经呼叫中心及 IT 后台统一处理，机票的出票时间和价格、酒店的预约时间和价格，甚至员工的服务质量也都能得到监控。六西格玛管理使携程能将客户打给呼叫中心电话的等待时间控制在国际通行的 20s 以内，将接听比例从 80%提高到 90%以上，将服务客户的电话时长缩减到 150s 左右。呼叫中心是目前机票销售领域中重要的渠道之一。

### 3. 互联网

互联网销售渠道是民航机票电子化后的必然产物，以互联网技术为代表的信息技术的快速发展改变着世界传统经济模式，航空客票销售与信息技术融合就产生了航空电子商务这一新型的渠道模式，也就是互联网销售渠道。

航空公司通过自己的网站及航空公司在其他网站开设的旗舰店进行机票销售。电子客票可以在互联网上被轻松地完成预订、支付、出票、值机等各环节，而且极大地降低了航空公司的销售成本。我国各大航空公司广泛认识到直销对其可持续发展的重要战略意义，纷纷不断加大在互联网销售渠道的投资力度，通过升级改造硬件、增加广告投放、整合组织机构、加大促销力度等方式不断提升直销在销售总量中的份额。2012 年，在我国航空公司国内机票销售额中，航空公司的直销比例首次超过机票代理的分销比例。

航空公司发展网络直销后，旅客信息可以直接存储在航空公司自己的数据库中，而不必通过代理商。通过对旅客属性及预订行为的分析，航空公司可以提供个性化服务，开展精准营销，增加旅客对航空公司品牌的好感和忠诚度。航空公司加强直销力度不仅降低了代理费支出，更有利于航空公司营销工作的开展，从而实现航空公司良性可持续发展。

中国在线销售代理分销以携程网 OTA（Online Travel Agency）分销模式为代表。携程是定位于旅游业的电子商务公司，历经多年的不断实践和探索，发现了通过保证信息在各地酒店、航空公司和消费者之间顺畅地流通，完成全国范围内的酒店和机票产品预订来获取代理销售佣金的商业模式。在此之前提供酒店和机票预订服务的公司都是区域性的，没有哪家公司能在全国范围内订酒店和机票，并且没有一家公司能做到全天候服务，这种分散的服务方式让质量控制难以执行。携程正是找到了这一产业缝隙，并将其与互联网结合，才获得了今天的成功。如今的携程扮演着航空公司和酒店的分销商的角色，建立了庞大的酒店及机票产品供需方数据库，一方面掌控全国范围内上千万的会员，另一方面向酒店和航空公司获取更低的折扣，从中获取佣金。

## 思考与练习 5

### 一、思考题

1. 电子客票有哪些明显优势？

2. 电子客票行程单的主要作用是什么？如果打印出的电子客票行程单丢失，是否会影响旅客出行？售票员能否再次为其打印？

3. PNR 中必须包含哪些组项才能进行出票操作？

### 二、实操练习

要求：根据以下信息为旅客建立订座记录，在终端上完成操作。

1. 旅客陈伟，电话为 66011111，预订 8 月 3 日北京至海口的普通舱，身份证号码为 252612000003215412。

（1）为旅客建立自动出票记录（直接出票）。

（2）分别用旅客姓名和票号提取电子客票票面信息。

2．旅客陈伟和陈小伟（出生于 2015 年 1 月 1 日），电话为 66011111，预订 8 月 3 日北京至海口的普通舱，身份证号码分别为 252612000003215412 和 252000000501015411。

（1）为旅客建立自动出票记录（先预订再出票）。

（2）分别用旅客身份证号码和记录编号提取电子客票票面信息。

# 第 6 章　民航特殊旅客客票销售

学习目标

【知识目标】

（1）了解民航特殊旅客的类型。

（2）了解民航特殊旅客乘机及其购票规定。

【技能目标】

（1）能按规定为特殊旅客办理售票业务。

（2）能使用系统指令完成特殊旅客订座的操作。

【素质目标】

（1）培养专业严谨、认真细致的工作作风。

（2）具有诚实守信、善于沟通、富有爱心的职业素养。

（3）具有集体意识和团队合作品质。

（4）具有良好沟通能力和包容心态。

（5）具有特殊情况下的应变能力和较强的心理素质。

## 6.1　民航特殊旅客购票规定

特殊旅客是指在旅客运输中须给予特别礼遇和照顾的旅客，或者由于其身体和精神状况需要给予特殊照料，或者在一定条件下才能运输的旅客。特殊旅客主要包括：重要旅客、无成人陪伴儿童、老年旅客、孕妇、婴儿、盲人旅客、聋哑旅客、酒醉旅客、机要交通人员、外交信使、额外占座旅客、自理行李占座旅客、保密旅客、病残旅客等。

特殊旅客必须在订座时提出申请，只有在符合航空公司规定的条件下，经航空公司预先同意并在必要时做出安排后方可乘机。

旅客的行为、年龄、身体和精神状况不适合航空旅行，或者使其他旅客不舒适或反感，或者对其自身或其他人员或财产可能造成任何危险或损害，承运人可以根据自己合理的判断，有权拒绝运输旅客及其行李。

### 6.1.1 重要旅客

#### 1. 重要旅客范围

重要旅客是航空运输保证的重点，认真做好重要旅客运输服务工作是民航运输部门的一项重要任务。重要旅客包括：

（1）省、部级（含副职）以上的负责人；

（2）军队在职正军职少将以上的负责人；

（3）公使、大使级外交使节；

（4）由各部、委以上单位或我国驻外使、领馆提出要求按重要旅客接待的客人。

#### 2. 重要旅客分类

重要旅客分类包括最重要旅客（VVIP）、一般重要旅客（VIP）和工商界重要旅客（CIP）。

#### 3. 重要旅客订座要点

（1）优先保证重要旅客的座位。对于重要旅客，售票部门应根据旅客填写的《旅客订座单》，接受订座时询问清楚以下情况：航班（含联程、回程）、日期、姓名、职务、特别服务要求、随行人员人数、联系电话、联系人，是否愿意公开身份等，核实信息并做好详细记录。

（2）电子客票 PNR 内应输入 VVIP、VIP 或 CIP。重要旅客须预订联程、回程座位时，接受订座单位应及时向联程、回程站拍发订座电报，用 OSI 指令建立其他服务情况组，并在 OSI 项中注明 VIP 字样、职务（级别）和特殊服务的要求。

（3）凡有重要旅客订座、购票的航班，不应随意取消或变更。如有变更，应尽早通知重要旅客的购票单位，并做出妥善安排。

（4）在国务委员、国务院副总理以上重要旅客乘坐的航班上，严禁载运押送犯人，在接收婴儿、儿童及无成人陪伴的儿童时，应严格按规定办理，座位不得超售。

（5）重要旅客取消旅行或改变乘机日期、航班时，原接受订座单位或值机部门应及时拍发变更电报，并通知各有关部门。

### 6.1.2 婴儿旅客

#### 1. 婴儿旅客定义

婴儿旅客（代码 INF）是指出生满 14 天以上，但年龄不满两周岁的人。

根据民航规定，足月新生儿出生不满 14 天（含 14 天）或出生不足 90 天的早产婴儿不能乘机。

#### 2. 婴儿旅客订座要点

（1）购买婴儿票必须出示出生证明或户口簿。

（2）婴儿按适用成人票价的 10%购买婴儿票，不提供座位。如需占用座位，则按成人普通票价的 50%购买儿童票。

（3）每位成人旅客携带婴儿数不得超过两名，且其中一名婴儿必须购买儿童票，提供一个座位。

### 6.1.3 儿童旅客

#### 1. 儿童旅客定义

儿童旅客（代码 CHD）是指年龄满 2 周岁但不满 12 周岁的人。儿童按照同一航班成人普通票价的 50%购买儿童票，提供座位。

需要注意的是，儿童和婴儿的年龄以旅客出行日期来计算，并不是以购票当日日期来计算的。

无成人陪伴儿童是指年龄满 5 周岁但不满 12 周岁，乘坐飞机时无成年人（年满 18 周岁且有民事行为能力的人）陪伴，单独乘机的儿童。

年龄在 12～15 周岁按成年人票价购买客票的旅客，如提出申请，可按无成人陪伴儿童办理。

#### 2. 无成人陪伴儿童旅客订座要点

（1）申请无成人陪伴儿童客票，应在航班起飞前 24h 提出申请。须出具儿童的身份证、户口簿或出生证及其父母或其监护人的有效身份证件，无成人陪伴儿童必须符合航空公司的运输条件方可运输。

（2）不足 5 周岁的儿童单独乘机，承运人原则上不予承运。12 周岁以下的聋哑儿童或双目失明的儿童单独乘机，承运人不予承运。

（3）直达、联程航班可接受 5～12 周岁无成人陪伴儿童运输，如涉及其他承运人还应得到有关承运人确认的回电后方可承运。过夜的联程航班不接受无成人陪伴儿童。需要中转或中途分程的无成人陪伴儿童，承运人暂不予受理。

（4）承运人每个航班最多只限 2 名（含）无成人陪伴儿童，但对按无成人陪伴儿童办理的年龄在 12～15 周岁的旅客无载运限制。

（5）无成人陪伴儿童乘机的申请应由航空公司售票处负责受理和审批，销售代理人办理此项业务，必须按照规定将填妥的《无成人陪伴儿童乘机申请书》（如图 6-1 所示）送至售票处，由售票处负责审批，同意后方可出票。

（6）无成人陪伴儿童按适用舱位（Y 舱）正常票价的 50%购票。售票员在建立 PNR 时除按照普通旅客订座规定办理外，还应在旅客姓名后加注无成人陪伴儿童代码 UM（Unaccompanied Minor），用以区别一般 CHD（Child）运输。客票的填开，除按一般规定外，在“旅客姓名”栏儿童姓名后缀“UM”字样，加上两位数字的儿童年龄，并用括号括起，如李东（UM09）。

中国南方航空
CHINA SOUTHERN

无成人陪伴儿童/青少年乘机申请书
UNACCOMPANIED MINOR
REQUESTED FOR CARRIAGE—HANDLING ADVICE

至：中国南方航空公司__________售票处　　　　日期

TO___________________________________　　　　DATE ____________

儿童姓名 NAME OF MINOR____________　　　　性别 GENDER__________

出生年月 DATE OF BIRTH____________　　　　年龄 AGE__________

航程 ROUTING

| 自 FROM | 至 TO | 航班号 FLT NO | 等级 CLASS | 日期 DATE |
|---|---|---|---|---|
| | | | | |
| | | | | |
| | | | | |
| | | | | |

| 航站<br>STATION | 接送人姓名<br>NAME OF PERSON<br>ACCOMPANYING | 地址、电话<br>ADDRESS AND TEL NO. |
|---|---|---|
| 始发站<br>ON DEPARTURE | | |
| 到达站<br>ON ARRIVAL | | |

儿童/青少年父母或监护人姓名、地址、电话：
PARENT/GUARLIAN—NAME, ADDRESS AND TEL NO. ________________

图 6-1　《无成人陪伴儿童乘机申请书》

### 6.1.4 孕妇旅客

#### 1. 孕妇旅客定义

由于飞机在高空飞行，高空空气中氧气相对减少，气压降低，因此，航空公司对于孕妇旅客乘机有一定的限制条件。

《中国民用航空旅客、行李国际运输规则》规定，孕妇旅客乘机应当经承运人同意，并事先做出安排。

#### 2. 孕妇旅客订座要点

国内航空公司对孕妇旅客乘机制定了一些运输规定，各航空公司的具体规定略有不同，只有符合运输规定的孕妇旅客，航空公司方可接受其乘机。主要规定如下。

（1）怀孕不足 8 个月（32 周）的健康孕妇，可以按一般旅客运输。孕妇须带好围产期证明，证明自己孕期在 32 周以内，医生诊断不适宜乘机者，航空公司一般不予接受。

（2）怀孕超过 8 个月不足 9 个月（36 周）的健康孕妇乘机，应提供县级以上医疗单位填写，并经医生签字和医院盖章的《诊断证明书》（如图 6-2 所示）。具体内容：旅客姓名、年龄、怀孕时期（如果已超过 36 周的孕妇短途旅行，还要注明预产期）、航程和日期、是否适宜乘机、在机上是否需要提供其他特殊照料等。《诊断证明书》应在旅客乘机前 72h 内填开（一式两份），否则承运人有权不予承运。

（3）为了旅客的安全及健康，怀孕超过 9 个月（36 周）、预产期在 4 周以内、预产期临近但无法确定时间的孕妇，以及产后不足 7 天，或者预产期不确定但已知为多胎分娩或预计有分娩并发症者，航空公司不予接受运输。

国外一些航空公司对于孕妇乘机规定则相对宽松一些，例如，所有怀孕的乘客随身携带注明预产期的证明文件。满 28 周的孕妇必须携带在出发前 10 天内签发的医生证明，医生证明的内容须包括：孕妇怀有单胎或多胎、预产期、孕妇的健康状况是否良好和胎儿发育情况是否正常及没有特别的状况、主诊医生或助产士没有提出任何不适宜孕妇飞行的理由、孕妇适合乘坐客机。汉莎航空对于孕妇乘机规定：妊娠无复杂并发情形的孕妇，在怀孕满 36 周前或距预产期 4 周前，无须提供妇产科医师出具的医疗证明，如在怀孕 36 周后乘坐航班，旅客仍可向汉莎航空的医疗工作中心索取允许乘坐航班的证明，此规定同样适用于复杂妊娠情形，如多胎妊娠、提前阵痛等。

**诊断证明书**

1．旅客姓名：____________________ 2.年龄：__________ 3.性别:__________
4．住址（或工作单位）：______________________________5.电话:__________
6．航程：航班号CZ____________________日期 ____月 ____日 自____至 ____
联程：航班号____________________日期 ____月 ____日 自____至 ____
7．诊断结果______________________________________________
8．症状、程度、预后（如系孕妇注明预产期）______________________________
______________________________________________________________

[注]（1）上述第7. 8 两项内容填写，需简单、明确。
（2）下述表格中提供的内容，供机上服务员在飞行途中为伤病旅客和残疾旅客提供必要的服务时作为参考。

| | 程度 | 无 | 轻度 | 中等 | 严重 | 备注 |
|---|---|---|---|---|---|---|
| 症状 | | | | | | |
| 贫血 | | | | | | |
| 呼吸困难 | | | | | | |
| 疼痛 | | | | | | |
| 血压 | | | | | | |

9．附注：（如有膀胱、直肠障碍或在飞行中需特殊餐食及药物医疗处理情况等，请予以列明）
______________________________________________________________

10. 需要何种乘坐姿态（将下列适用的项目圈起）：

| 乘 坐 姿 态 | | 1．使用机上一般座椅　　2. 使用机上担架设备 |
|---|---|---|
| 陪 伴 人 员 | | 院生　护士　其他人员（具体列明）　　不需要 |
| 上 下 飞 机 时 | 轮椅 | 要　　不要 |
| | 担架 | 要　　不要 |
| 场 内 救 护 车 | | 要　　不要 |

我院诊断认为：该旅客的健康条件在医学上能够适应上述航程旅行的要求，无传染疾病，无生命危险，也不造成对其他旅客的不良影响。

医师 ____________________　　电话 ____________________
签字　　　　　　　　　　　　医疗单位（盖章）

经办人姓名:　　　　　　　　　　　　　　　　年　　月　　日

图 6-2　《诊断证明书》

## 6.1.5　老年旅客

### 1．老年旅客定义

《中国民用航空旅客、行李国内运输规则》规定，70 岁以上的老人乘坐飞机，须持县级以上医院出具的适合乘坐飞机的证明。

### 2. 老年旅客订座要点

国内航空公司对老年旅客乘机建立了一些运输规定，各航空公司具体规定略有不同，建议在购票前与航空公司确定后再预订机票。主要规定如下。

（1）70 岁（含）以上的老年旅客购票，须填写《特殊旅客乘机申请书》（如图 6-3 所示），并由本人签字，如本人书写有困难，也可由其家属或监护人代签。

（2）70 岁（含）以上的老年旅客购票，需要提供 180 天内的有效乘机证明，或者 180 天内医疗单位盖章和医生签字的《体检证明》，内容至少包括：旅客姓名、年龄，旅客的心血管和呼吸道检查报告，是否需要提供其他特殊照料等。

**中国南方航空公司**
**特殊旅客（　　　　）乘机申请书**

中国南方航空公司 ____________ 售票服务处

为乘坐中国南方航空公司下列航班，我愿声明如下：鉴于我个人的健康状况，在旅途中由此给本人或其他人造成身体上的损害或死亡，完全由我个人承担责任及损失，并保证不向中国南方航空公司及所属工作人员或代理人要求赔偿或提出诉讼。

| 旅客姓名： | | | | |
|---|---|---|---|---|
| 住址（或单位名称） | | | | |
| 航班号/日期 | 始发站 | | 到达站 | |

健康状况：
(附诊断证明书/医生证明)

旅客签字：____________

年　　　月　　　日

图 6-3　《特殊旅客乘机申请书》

### 6.1.6　病残旅客

#### 1．病残旅客定义

病残旅客是指由于身体或精神上的缺陷或障碍，在上下飞机、飞行途中（包括紧急疏散）及在机场地面服务过程中，需要他人予以单独照料或帮助的旅客。病残旅客一般可分以下几种：身体患病者、精神病患者、肢体伤残、失明旅客、担架旅客、轮椅旅客、需要使用机上氧气设备的旅客。

#### 2．病残旅客订座要点

（1）有下列情形之一者，除为了挽救生命外，一般航空公司不予承运。

① 胸腹部手术后不足 48 h 者。

② 头部手术、眼科手术、耳鼻喉科手术、胃肠手术后 15 天内。

③ 破伤风、气性坏疽患者。

④ 因脑炎、肿瘤或 30 天内做过气胸者。

⑤ 扁桃体摘除术。

⑥ 严重中耳炎伴有耳咽管堵塞，耳鼻有急性渗出性炎症，30 天内做过中耳炎手术者。

⑦ 严重鼻窦炎伴有鼻腔通气障碍者。

⑧ 龋齿或拔牙后创面未愈合者。

⑨ 高血压病收缩压超过 24kPa（180mmHg）、舒张压超过 17.4kPa（130mmHg）者。

⑩ 重度心力衰竭、心肌炎病后 30 天以内，45 天内曾发生急性心肌梗死，30 天内心绞痛频繁发作、严重心律失常者。

⑪ 发生心脑血管病后 14 天内。

⑫ 因空中轻度缺氧，可能使心血管病人旧病复发或加重病情，特别是心功能不全、心肌缺氧、急性心肌梗死及严重高血压病人。

⑬ 脑栓塞、脑出血、脑肿瘤、颅脑损伤、颅骨骨折伴有昏迷或呼吸节律不齐者，脑部有炎症、肿瘤，30 天内做过气胸者，由于飞机起降的轰鸣、振动及缺氧等可使病情加重者。

⑭ 骨折用管型石膏固定和吊重锤牵引者、固定下颚骨手术者，穿戴以小型二氧化碳气筒驱动的假肢者。

⑮ 四肢瘫痪、高位截瘫病人急性期。

⑯ 因糖尿病昏迷者，因低血糖昏倒者。

⑰ 重度贫血、外伤性大出血、血红蛋白值在 60g/L 以下者。

⑱ 狂躁型精神病患者，以及其他类型精神失常者。

⑲ 癫痫病患者。

⑳ 酒醉或麻醉品及其他毒品中毒者。

㉑ 带有严重咯血、吐血、出血及呻吟症状的病人。

㉒ 处于抢救状态的休克、昏迷、颅内压增高病人，颅脑损伤、颅骨骨折伴有昏迷或呼吸节律不齐者。

㉓ 特大肿瘤伴有积气者，肠梗阻，颅脑、腹部、眼球等损伤者。

㉔ 重度支气管哮喘、肺结核空洞、肺气肿、肺功能不全、大纵隔肿瘤、设计先天性肺囊胸、肺叶切除者，飞行途中可能因气体膨胀而加重病情者。30天内患自发性气胸、血气胸、渗出性胸膜炎伴有呼吸功能障碍者。

㉕ 上消化道出血、溃疡面很深的胃肠道溃疡、急性阑尾炎者；消化道出血者，出血停止21天内。

（2）其他病残旅客。

革命伤残军人和因公致残的人民警察凭《中华人民共和国革命伤残军人证》和《中华人民共和国人民警察伤残抚恤证》，按照同一航班成人普通票价的50%购票。

（3）病残旅客的接收。

必须持有县级以上医疗单位出具的诊断证明书，交验由医疗单位填写的《诊断证明书》，并注明“可以乘机”的字样，必须有主诊医生签字、医疗单位盖章。《诊断证明书》在航班起飞前96h以内填开的有效，病情严重的旅客，则应该备有航班起飞前48h内填开的《诊断证明书》。

（4）病残旅客乘机申请。

填写《特殊旅客乘机申请书》，由旅客本人签字，如本人书写有困难，由其家属或监护人代签，如有特殊要求，如需要在飞机上输液、携带氧气等，须在《特殊旅客乘机申请书》上注明，病残旅客原则上必须有陪伴人员。联程运输时，病残旅客（原则上不含担架旅客）在航班衔接地地面停留时间不应少于150min。

### 6.1.7 担架旅客

#### 1. 担架旅客运输条件

担架旅客（代码STCR），是指因受伤或生病等原因不能坐着进行空中旅行，而必须躺着乘机的旅客。

担架旅客的订座不得迟于航班起飞前72h。特殊情况下，在航班起飞前72h内申请的担架旅客，在航空公司答复可安排的情况下，方可接收。

担架旅客必须至少由一名医生或护理人员陪同旅行，经医生证明，病人在旅行途中不需要医务护理时，也可由其家属或监护人员陪同旅行。

#### 2. 担架旅客订座要点

担架旅客的票价由担架旅客的个人票价和担架附加票价两部分组成。个人票价按一个经济舱座位的公布普通票价计收。担架附加票价，不论安放担架占用的座位数是多少，对旅客使用担架的航段，加收5～6个成人单程经济舱座位普通票价。每个陪伴人员，根据实际乘坐的座位等级适用票价计收。各航空公司不同机型对接收担架旅客规定略有不同。

### 6.1.8 轮椅旅客

#### 1. 轮椅旅客定义与分类

轮椅旅客是指身体适宜乘机，行动不便，需要轮椅代步的旅客，其分为三种不同类型。

1）机下轮椅（WCHR）（R 表示客机停机坪）

该类型的轮椅是指为能够自行上下飞机，在客舱内能自己行走到座位上，仅在航站楼、停机坪与飞机之间需要协助的旅客提供的轮椅。此类旅客可以上下客梯，也可以自己进出客舱座位；但远距离前往或离开飞机时，如穿越停机坪、站台或前往移动式休息室，需要轮椅。此类旅客的服务起止于客机停机坪。

2）登机轮椅（WCHS）（S 表示客梯）

该类型的轮椅是指不能自行上下飞机，但在客舱内能自己走到座位上的旅客使用的轮椅。此类旅客可以自己进出客舱座位，但上下客梯时需要背扶，远距离前往或离开飞机、移动式休息室时需要轮椅。此类旅客的服务起止于客梯。

3）机上轮椅（WCHC）（C 表示客舱座位）

该类型的轮椅是指经适航许可，在客舱内供无行走能力的旅客使用的轮椅。此类旅客尽管能在座位上就座，但不能自行走动，并且前往或离开飞机、移动式休息室时需要轮椅，在上下客梯和进出客舱座位时需要背扶。此类旅客的服务起止于客舱座位。

#### 2. 轮椅旅客订座要点

（1）轮椅旅客购票时，售票员应详细询问旅客或其代理人有关旅客的伤残情况，以便确定旅客类型，并由旅客或其代理人签字确认，售票员须报相关部门，经相关部门同意后方可售票。

（2）轮椅旅客须填写《特殊旅客乘机申请书》，由旅客本人签字，如本人书写有困难，可由其家属或监护人代签，一份交售票处，另两份交由旅客办理值机手续。需要多占座时，按实际占座进行购票，只能购买全价票，不能使用特价票。须在航班离站 48h 前提出购票申请。

（3）WCHR 不需要提供《诊断证明书》，须填写《特殊旅客乘机申请书》，WCHC 在整个旅行过程中，必须有陪同人员。自带轮椅可免费托运，电动轮椅的托运必须将电池断开包装，并在电动轮椅两侧及明显位置贴“向上”标签。如不能按要求提供《诊断证明书》的轮椅旅客，航空公司有权拒绝接收。

### 6.1.9　聋哑、盲人旅客

#### 1. 聋哑、盲人旅客定义

聋哑旅客（代码 DEAF），是指因双耳听力缺陷不能说话的旅客，不是指有耳病或听力弱的旅客。盲人旅客（代码 BLND），是指有双目失明缺陷的成人旅客。

#### 2. 聋哑、盲人旅客订座要点

（1）由年满 18 岁的成人陪伴同行的盲人旅客，以及年满 16 周岁的聋哑旅客乘机，航空公司可按一般旅客运输。

（2）盲人或持有医生证明的聋人旅客经航空公司同意可以携带导盲犬或助听犬乘机。

导盲犬或助听犬连同其容器和食物，可免费运输而不计算在免费行李额内。出于客舱安全原因，盲人旅客携带的导盲犬，聋哑旅客携带的助听犬，必须在申请订座时提供必要的检疫注射证明和检疫证明书，并经过航空公司同意后，方可携带。

（3）不满 16 周岁的盲人、聋哑人单独出行，航空公司不承运。单独成行的盲人、聋哑人必须在购票时提出申请，经承运人同意以后在航班离站 48h 内购票。单独成行的盲人、聋哑人必须具备一定的自理能力。需要填写《特殊旅客乘机申请书》，出票后通知后续服务部门。

### 6.1.10 额外占座旅客

额外占座旅客指为了个人舒适而要求占用两个或两个以上座位的旅客。旅客额外占座，应在订座时提出申请，经承运人同意后方可运输。

自理行李占座，在订票时提出要求。自理行李额外占座，在旅客姓名后加 CBBG。占座行李无免费行李额，实际行李重量按逾重行李费收取。座位按实际票价收取。

## 6.2 特殊旅客订座实例

### 6.2.1 成人带婴儿旅客订座实例

成人带婴儿旅客订座实例

例 1：旅客王婷，电话为 18733445566，身份证号码为 522612000003115401，携带王小娜（婴儿，出生日期为 2018 年 11 月 8 日），预订 3 月 17 日北京至上海经济舱的座位。

```
    >AV:PEKSHA/17MAR

17MAR (THU) PEKSHA
1-  CA1831  PEKSHA 0730   0940   330 0^B    E    EFA AQ OQ YA BQ<T3-->
                MQ HQ KQ LQ QQ GQ SA XQ NQ VQ UQ WQ TQ EQ
            ** V1Q U1Q
2  *FM9888  PEKSHA 0730   0940   330 0^B    E    EFA YA BQ LQ MQ<T3-->
                TQ HQ VQ
3   CA1883  PEKPVG 0800   1010   738 0^B    E    EFC AC OC YC BC<T3-->
                MC HC KC LC QC GC SC XC NC VC UC WC TC EC
            ** V1C U1C
4+  MU5102  PEKSHA 0800   1000   333 0^S         EFA AA YA KA BA<T2-->
                EQ HA LA MA NA RA SQ VQ TQ WQ XA GQ QA U5 I5 ZS
**  **  CZ-SHA  CHECK IN 45 MINUTES BEFORE DEPARTURE
```

输入：

```
    >SD:4Y/1
    >NM:1 王婷
    >CT:18733445566
    >TK:TL/1200/15MAR /BJS123
```

```
    >SSR:FOID CZ HK/NI522612000003115401/P1
    > XN:IN/王小娜 INF（NOV18）/P1
    > SSR INFT MUNN1 WANG/XIAONA 17 NOV18/P1/S2
    > @

    MU5102Y  TH17MAR  PEKSHA HK1  0800  1000
     BW4DDA
    >RT:BW4DDA

1. 王婷 BW4DDA
2. MU5102Y  TH17MAR  PEKSHA HK1  0800  1000    330 B 0 RE T2--
3. 18733445566
4. TL/1200/15MAR /BJS123
5. SSRINFT MUNN1 PEKSHA5102 Y17MAR WANG/XIAONA 17 NOV18/P1
6. SSRFOID MU HKNI123456191945454646/P1
7. OSI MU 1INF  WANG/XIAONA INF8/P1
8. XNIN/王小娜 INF（NOV18）/P1
9. BJS123
```

【说明】

第 5 行：特殊服务申请组，婴儿特殊服务申请。

第 7 行：婴儿姓名组。

## 6.2.2　重要旅客订座实例

例 2：旅客王军预订 2 月 12 日北京至上海 F 舱的座位，王军为某省副省长、重要旅客。

```
    >AV:PEKSHA/12FEB/CA

12FEB （THU）PEKSHA VIA CA
1-  CA1831  PEKSHA 0730   0940   330 0^B    E    EFA AQ OQ YA BQ<T3-->
                MQ HQ KQ LQ QQ GQ SA XQ NQ VQ UQ WQ TQ EQ
             ** V1Q U1Q
2   CA1883  PEKPVG 0800   1010   738 0^B    E    EFC AC OC YC BC<T3-->
                MC HC KC LC QC GC SC XC NC VC UC WC TC EC
             ** V1C U1C
3   CA1501  PEKSHA 0830   1040   772 0^B    E    EFA AQ OQ YA BQ<T3-->
                MQ HQ KQ LQ QQ GQ SA XQ NQ VQ UQ WQ TQ EQ
             ** V1Q U1Q
4+  CA1519  PEKSHA 0930   1140   738 0^S    E    EFA AS OS YA BS<T3-->
                MS HS KS LS QS GS SA XS NS VS US WS TS ES
             ** V1S U1S
**  **  CZ-SHA  CHECK IN 45 MINUTES BEFORE DEPARTURE
```

输入：

```
    >SD:3F1
```

```
    NM:1 王军 VIP
    CT:88017755
    TK:TL/1200/10FEB/PEK123
    OSI:CA VIP IS WANG/TEST,MOUSHENG FUSHENGZHANG
1. 王军
2. CA1501FTH10DECPEKSHA HK10830  1040   772 B 0 RE T3--
3. 88017755
4. TL/1200/10FEB /PEK123
5. OSI CA VIP IS 王军,GANSUSHENG FUSHENGZHANG
6. PEK123
    > @

    VCM07 -EOT SUCCESSFUL, BUT ASR UNUSED FOR 1 OR MORE SEGMENTS
    请及时出票，自动出票时限：10FEB09/0730
    CA1501  F TH12FEB  PEKSHA HK1   0830  1040    6
      - ADD SSR TKNE FOR NEW ET SEGMENT
```

# 思考与练习 6

**思考题**

1．常见的购票有效证件有哪些？
2．客票的有效期是如何规定的？
3．列举重要旅客的分类。
4．简述重要旅客购票时需要出示的证明材料。
5．简述无成人陪伴儿童购票时需要出示的证明材料。
6．简述担架旅客的分类和售票注意事项。
7．简述孕妇旅客购票时需要出示的证明材料。

# 第 7 章　电子客票退票与变更

## 学习目标

【知识目标】

（1）了解电子客票变更和签转的一般规定。

（2）了解电子客票退票的一般规定。

（3）了解电子客票退票的种类及退票工作程序。

（4）掌握电子客票变更和签转的操作方法。

（5）掌握电子客票退票的操作方法。

【技能目标】

（1）能使用系统指令完成电子客票变更的操作。

（2）能判定退票的种类。

（3）能使用 TRFD 等指令完成电子客票退票的操作。

【素质目标】

（1）培养专业严谨、认真细致的工作作风。

（2）具有诚实守信、善于沟通、富有爱心的职业素养。

（3）具有集体意识和团队合作品质。

（4）具有良好沟通能力和包容心态。

（5）具有特殊情况下的应变能力和较强的心理素质。

电子客票变更业务实例

## 7.1　电子客票变更业务

### 7.1.1　客票变更的一般规定

客票变更是指旅客购买定期客票后，要求改变客票未使用部分的航程、日期和舱位等级等。

客票变更分为自愿变更和非自愿变更两种。自愿变更是由于旅客个人原因要求变更航程、日期和舱位等级（经医疗单位证明旅客因病要求变更除外）。非自愿变更是由于承运人原因，如航班取消、提前、延误，航程改变，或者承运人未能向旅客提供已经订妥的座位（包括舱位等级），或者未能在旅客的中途分程地点或目的地停留，或者造成旅客已经订妥座位的航班衔接错失，旅客要求变更客票。

### 1. 自愿变更

旅客自愿变更客票，承运人及其授权代理人应在航班有可利用座位和时间允许的条件下予以办理，票款的差额多退少补。

目前各航空公司对旅客自愿变更客票的规定各有差异。国内三大航空公司客票变更规定见附录 6、7、8。

变更一般规定如下：

（1）要求变更的客票必须在客票有效期内；

（2）要求变更的客票不得违反票价限制条件；

（3）变更航程按退票处理，重新购票；

（4）变更承运人按客票签转有关规定办理。

航空公司一般不接受旅客自愿降低座位等级。

### 2. 非自愿变更

由于承运人下列原因之一的，按非自愿变更处理：

（1）取消旅客已订妥座位的航班；

（2）取消航班约定的经停地点中含有旅客出发地点、目的地点或中途分程地点；

（3）未能在合理的时间内按照班期时刻飞行；

（4）造成旅客已订妥座位的航班衔接错失；

（5）更换了旅客的舱位等级；

（6）未能提供事先已订妥的座位。

因航班不正常，承运人对旅客的后续安排应充分考虑旅客的合理要求并采取以下措施：

（1）安排旅客乘坐有可利用座位的本承运人的后续航班；

（2）征得旅客及有关承运人的同意后，办理客票签转手续；

（3）改变原客票列明的航程，承运人或其他承运人的航班将旅客运达目的地或中途分程地点，票款、逾重行李费和其他服务费用的差额多退少不补。

非自愿变更舱位等级按下列规定办理：

（1）非自愿提高座位等级，不用重新购票，票价差额不补；

（2）非自愿降低座位等级，应重新开票，票价差额退还旅客。

## 7.1.2 客票签转的一般规定

旅客购票后，如要求改变客票的指定承运人，称为客票签转。目前各航空公司对旅客客票签转的规定各有差异，国内三大航空公司客票签转规定见附录 6、7、8。

客票的承运人是不允许任意签转的，只能在约定的条件下或经同意签转后才能变换原指定承运人。因此，在转运旅客或换开客票时，如欲变更承运人，除在约定的条件下外，必须取得签转许可。任意变换承运人，很可能在承运后航空公司之间票证结算会产生麻烦，因为出票承运人可不承认而拒付票款。

签转时，应按乘机联的“签转”栏或“票价计算”上列明的限制条件办理。如乘机联上填写“不得签转”或“某某承运人承运有效”，则在任何情况下（除出票承运人外）不可签转给其他承运人；如乘机联上填写“出票承运人有权签转”，则签转时必须经出票承运人同意，其他承运人均不可签转。

按照签转的原因不同可以分为两类：自愿签转、非自愿签转，它们的规定和操作程序也有所不同。

### 1．自愿签转

由于旅客自身的原因，向原承运人提出改变承运人的要求，称为旅客自愿签转。在办理旅客自愿签转业务时，工作人员必须先判断客票是否满足以下自愿签转条件：

（1）旅客使用的票价无签转的限制条款；

（2）旅客客票未改变过航班、日期；

（3）旅客在原航班规定离站时间 24h（含）之前提出更改要求；

（4）旅客要求变更的承运人必须与原承运人签有联运协议，可以办理相互填开或接收票证、票款结算等业务活动。

### 2．非自愿签转

由于航班延误、天气恶劣、飞机故障等非旅客主观原因，旅客向原承运人提出改变承运人的要求，称为旅客非自愿签转。由于原承运人原因造成的旅客非自愿签转，票款的差额多退少不补。

一些特殊票价客票的签转在没有特殊规定外，其签转规定和处理与正常票价客票相同。

并不是所有航空公司都有权利将客票签转给其他承运人，具备下列条件的航空公司方可办理签转：

（1）作为填开客票的承运人；

（2）作为在要求签转的“承运人”栏中指定的承运人；

（3）作为机票“原出票（ORIGINAL ISSUE）”栏中注明的原始出票承运人；

（4）经上述三类承运人之一授权，作为其代理并有权代为办理签转的部门。

### 3．客票签转工作程序

旅客非自愿签转，原承运人应征得旅客及被签转承运人的同意后，方可签转。具体签转工作程序如下。

（1）工作人员在为旅客办理签转时，应先确定所代表的承运人是否有权签转。如确认无签转权利，应主动告知旅客向有权办理签转的承运人申请。

（2）如确定有权办理签转，应检查客票是否盖有或打印“不得签转”“NONEND 或 NON—ENDORSABLE”“VALID ON XX（承运人两字代码）”或“不得更改”等有关签转的限制。

（3）承运人有权签转的部门，在旅客所要求签转且承运人有权签转的“签注”栏处签注，并由经手人签字确认。

（4）售票、机场运输业务部门在接收其他承运人的票证时一定要严格把关，对于接收不是原承运人的客票时，所接收客票一定要盖有有权签转的承运人的签转章，并有相关工作人员的签字认可方可接收。

### 7.1.3 客票变更与签转操作

#### 1．变更航班

电子客票允许变更航班，所更改的航班在航段、航空公司和舱位上应保持一致，PNR 中的旅客姓名应与电子客票中的姓名一致。

对电子客票进行航班变更操作主要有两种方法。

1）方法一

（1）提取 PNR；

（2）取消原航班订座记录，建立新航班订座记录；

（3）进行 PNR 封口（使用“@”指令）。

例 1：变更客票航班。

步骤 1，提取 PNR，输入：

```
    >RT:D346V

 **ELECTRONIC TICKET PNR**
1. TESTCZET D346V/CZ
2. CZ3917 Y   TU06DEC  CANCSX HK1   0845 0950      E
3. NC
4. T
5. SSR FOID CZ HK1 NI79328094026/P1
6. SSR TKNE CZ HK1 CANCSX 3917 Y06DEC 7845500010002/1/P1
7. OSI CZ CTC 792930421
8. FN/M/FCNY500.00/SCNY500.00/C3.00/XCNY90.00/TCNY50.00CN/TCNY40.00YQ/ACNY
590.00
9. TN/784-5500010002/P1
10. FP/CASH,CNY
11. PEK099
```

步骤 2，提取旅客电子客票票面信息，输入：

```
    >DETR:TN/784-5500010002，D

ISSUED BY: CHINA SOUTHERN AIRLINES   ORG/DST: CAN/CSX    ISI: SITI   ARL-D
TOUR CODE:
PASSENGER: TESTCZET
EXCH:                              CONJ TKT:
```

```
0 FM:1CAN CZ    3917  Y 06DEC 0845 OK Y          02DEC5/06DEC6 20K OPEN FOR USE
        RL:/D346V
TO: CSX
FC: 06DEC05CAN CZ CSX500.00CNY500.00END
FARE:          CNY   500.0|FOP:CA()
TAX:           CNY  50.0CN|OI:
TAX:           CNY  40.0YQ|
TOTAL:         CNY   590.0|TKTN: 784-5500010002
```

【说明】

查看电子客票票面信息，可以看到客票的状态，必须显示“OPEN FOR USE”状态才可进行变更操作。

步骤 3，变更客票航班。

```
    >XE 2
    SS CZ3917/Y/08DEC/CANCSX/1

  **ELECTRONIC TICKET PNR**
1. TESTCZET D346V/CZ
2. CZ3917 Y   TH08DEC  CANCSX HK1   0845 0950     ERJ   0 R_x001D_E
3. NC
4. T
5. SSR FOID CZ HK1 NI79328094026/P1
6. SSR TKNE CZ HK1 CANCSX 3917 Y06DEC 7845500010002/1/P1
7. OSI CZ CTC 792930421
8. FN/M/FCNY500.00/SCNY500.00/C3.00/XCNY90.00/TCNY50.00CN/TCNY40.00YQ/ACNY
590.00
9. TN/784-5500010002/P1
10. FP/CASH,CNY
11. PEK099
```

【说明】

删除 PNR 中的原航段组，用 SS 指令直接建立新航段。

步骤 4，进行 PNR 封口。

```
    >@

D346V -EOT SUCCESSFUL, BUT ASR UNUSED FOR 1 OR MORE SEGMENTS
CZ3917  Y TH08DEC  CANCSX HK1   0845 0950
 - ADD SSR TKNE FOR NEW ET SEGMENT
```

【说明】

变更完成，进行 PNR 封口。

最后，再次查看电子客票票面信息，航班已变更。

```
    >DETR:TN/784-5500010002,D
```

```
_x0010_DETR:
ISSUED BY: CHINA SOUTHERN AIRLINES   ORG/DST: CAN/CSX     ISI: SITI   ARL-D
TOUR CODE:
PASSENGER: TESTCZET
EXCH:                                CONJ TKT:
0 FM:1CAN CZ    3917  Y 08DEC 0845 OK Y          02DEC5/08DEC6 20K OPEN FOR USE
RL:/D346V
TO: CSX
FC: 08DEC05CAN CZ CSX500.00CNY500.00END
FARE:           CNY   500.0|FOP:CA()
TAX:            CNY  50.0CN|OI:
TAX:            CNY  40.0YQ|
TOTAL:          CNY   590.0|TKTN: 784-5500010002
```

【说明】

检查电子客票记录，客票已成功变更。

2）方法二

（1）删除原电子客票 PNR；

（2）提取已变更航班的 PNR；

（3）更改电子客票票号项（SSR TKNE）；

（4）进行 PNR 封口。

例 2：变更客票航班。

步骤 1，提取 PNR，输入：

```
    >RT:D346V

  **ELECTRONIC TICKET PNR**
1. TESTCZET D346V/CZ
2. CZ3917 Y   TH08DEC  CANCSX HK1   0845 0950      E
3. NC
4. T
5. SSR FOID CZ HK1 NI79328094026/P1
6. SSR TKNE CZ HK1 CANCSX 3917 Y08DEC 7845500010002/1/P1
7. OSI CZ CTC 792930421
8. FN/M/FCNY500.00/SCNY500.00/C3.00/XCNY90.00/TCNY50.00CN/TCNY40.00YQ/ACNY
590.00
9. TN/784-5500010002/P1
10. FP/CASH,CNY
```

步骤 2，删除 PNR，输入：

```
    >XE:PNR@
```

【说明】

提取原 PNR 并删除。

步骤 3，提取已变更航班的 PNR，输入：

```
    >RT:D3484

 **ELECTRONIC TICKET PNR**
1. TESTCZET D3484/CZ
2. CZ3917 Y   SA10DEC  CANCSX HK1   0845 0950      E
3. NC
4. T
5. FC/M/CAN CZ CSX 500.00Y CNY500.00END
6. SSR FOID CZ HK1 NI79328094026/P1
7. SSR TKNE CZ HK1 CANCSX 3917 Y10DEC 7845500010002/1/P1
8. OSI CZ CTC 792930421
9. FN/M/FCNY500.00/SCNY500.00/C3.00/XCNY90.00/TCNY50.00CN/TCNY40.00YQ/ACNY
590.00
10. FP/CASH,CNY
11. PEK099
```

【说明】

提取新的 PNR。

步骤 4，更改电子客票票号项，输入：

```
    >SSR TKNE CZ HK1 CANCSX 3917 Y10DEC 7845500010002/1/P1

1. TESTCZET D3484/CZ
2. CZ3917 Y   SA10DEC  CANCSX HK1   0845 0950      E
3. NC
4. T
5. FC/M/CAN CZ CSX 500.00Y CNY500.00END
6. SSR FOID CZ HK1 NI79328094026/P1
7. OSI CZ CTC 792930421
8. FN/M/FCNY500.00/SCNY500.00/C3.00/XCNY90.00/TCNY50.00CN/TCNY40.00YQ/ACNY
590.00
9. FP/CASH,CNY
10. PEK099
```

【说明】

在新的 PNR 中加入电子客票票号项（SSR TKNE）。

步骤 5，进行 PNR 封口，输入：

```
     >@

    CZ3917  Y SA10DEC  CANCSX HK1   0845 0950
    D3484
```

【说明】

变更完成，进行 PNR 封口。

最后，再次查看电子客票票面信息，航班已变更。

```
    >DETR:TN/784-5500010002,D

ISSUED BY: CHINA SOUTHERN AIRLINES   ORG/DST: CAN/CSX     ISI: SITI   ARL-D
TOUR CODE:
PASSENGER: TESTCZET
EXCH:                              CONJ TKT:
0 FM:1CAN CZ    3917  Y 10DEC 0845 OK Y          02DEC5/10DEC6 20K OPEN FOR USE
RL:/ D3484
TO: CSX
FC: 10DEC05CAN CZ CSX500.00CNY500.00END
FARE:          CNY   500.0|FOP:CA()
TAX:           CNY  50.0CN|OI:
TAX:           CNY  40.0YQ|
```

【说明】

检查电子客票记录，客票已成功变更，状态为“OPEN FOR USE”。

### 2. 变更旅客身份信息

电子客票允许变更旅客身份信息。变更电子客票旅客身份信息需要遵循以下操作流程。

（1）提取 PNR；

（2）输入新的电子客票旅客身份标识信息（SSR FOID）；

（3）进行 PNR 封口。

例 3：更改旅客身份信息。

步骤 1，提取 PNR，输入：

```
    >RT:D346V

 **ELECTRONIC TICKET PNR**
1. TESTCZET D346V/CZ
2. CZ3917 Y   TU06DEC  CANCSX HK1   0845 0950      E
3. NC
4. T
5. SSR FOID CZ HK1 NI79328094026/P1
6. SSR TKNE CZ HK1 CANCSX 3917 Y06DEC 7845500010002/1/P1
7. OSI CZ CTC 792930421
8. FN/M/FCNY500.00/SCNY500.00/C3.00/XCNY90.00/TCNY50.00CN/TCNY40.00YQ/ACNY
590.00
9. TN/784-5500010002/P1
10. FP/CASH,CNY
11. PEK099
```

步骤 2，输入新的电子客票旅客身份信息：

```
    >XE 5
```

```
      SSR FOID CZ HK/NI383885558/P1

  **ELECTRONIC TICKET PNR**
1. TESTCZET D346V/CZ
2. CZ3917 Y   TU06DEC  CANCSX HK1   0845 0950      E
3. NC
4. T
5. SSR FOID CZ HK1 NI383885558/P1
6. SSR FOID CZ XX1 NI79328094026/P1
7. SSR TKNE CZ HK1 CANCSX 3917 Y06DEC 7845500010002/1/P1
8. OSI CZ CTC 792930421
9. FN/M/FCNY500.00/SCNY500.00/C3.00/XCNY90.00/TCNY50.00CN/TCNY40.00YQ/ACNY
590.00
10. TN/784-5500010002/P1
11. FP/CASH,CNY
12. PEK099
```

【说明】

删除原记录中的身份信息，输入新的电子客票旅客身份信息，然后进行 PNR 封口。

## 7.2　电子客票退票业务

电子客票退票业务实例

### 7.2.1　客票退票的一般规定

退票是指由于承运人或旅客原因，旅客不能在客票有效期内完成部分或全部航程，在客票有效期内要求将客票退回给航空公司的过程。退票分为自愿退票、非自愿退票和因病退票。

退票过程涉及旅客、代理人、国际航协数据处理中心和航空公司，中国民航订座系统是连接这四者的桥梁。目前各航空公司对旅客退票规定各有差异。国内三大航空公司客票退票规定见附录 6、7、8。

#### 1. 自愿退票

自愿退票是指由于旅客原因，在客票有效期内不能完成部分或全部航程，而要求办理退票手续。

旅客申请自愿退票，应在客票有效期内到原购票地点办理，在网上购买的电子客票，应在网上办理退票申请手续。办理退票时，需要出示有效身份证件，票款只能退给客票上列明的旅客本人或客票的付款人。

以下为免收退票手续费的情形，其他情况下申请自愿退票，按航空公司的规定收取一定的退票手续费。

（1）革命伤残军人要求退票，免收退票费。

（2）持婴儿客票的旅客要求退票，免收退票费。

（3）持不定期客票的旅客要求退票，免收退票费。

### 2. 非自愿退票

由于天气、航行、机务或承运人原因引起航班取消、提前、延误，航程改变，衔接错失或承运人不能提供座位，旅客要求退票的，称为非自愿退票。

非自愿退票均不收退票手续费，非自愿退票计费如下。

（1）在航班始发站，退还旅客所付的全部票款。

（2）在航班经停站，退还未使用航段的票款，但所退金额不得超过原付票款金额。

例如，旅客搭乘航班由广州到牡丹江，该航班因天气原因在经停站上海取消当日飞行，旅客要求退票。

假设旅客按 8 折票价购买广州到牡丹江航段客票，实付票款为人民币 2080 元，广州到上海的 8 折票价为人民币 1020 元，上海到牡丹江的 8 折票价为人民币 1460 元，应退还的票款为人民币 1460 元。

（3）航班如在非规定的航站降落，取消当日飞行，旅客要求退票，应退还由降落站至到达站的票款，但不得超过原付票款金额，不收取退票费；如旅客所付票价为折扣票价，应按相同折扣率计算退票款。

### 3. 因病退票

旅客因病退票是指旅客因个人身体健康原因未能全部或部分完成机票中所列明的航程，旅客提出退票。

（1）旅客购票后，因病不能旅行要求退票，必须在航班规定离站时间前提出并提供县级（含）以上医疗单位的证明原件（包括诊断书原件、病历和旅客不能乘机的证明）。

（2）旅客因病退票，在航班始发站提出，退还全部票款。

在航班经停站提出，退还的票款金额为旅客所付票价减去已使用航段相同折扣率的票价金额，但所退金额不得超过原付票款金额。

（3）旅客的同行人员要求退票，必须与患病旅客同时提出，也按上述规定办理，否则一律按自愿退票处理。

### 4. 客票退票的工作程序

航空公司或代理人售票处销售的电子客票退票程序如下。

（1）工作人员查验客票是否有效，核对旅客的有效身份证件。

（2）根据退票原因确认属于自愿退票还是非自愿退票，已订妥座位的旅客要求退票，应取消原订座记录或旅客申请退票的航段记录，填写电子退票表格，根据退票规定，计算出实退金额，生成退票单。

（3）若旅客已打印过行程单，必须回收行程单后方可为其办理退票手续，并将行程单附于退款单财务联后，将退款和退款单旅客联交给旅客。

互联网订票旅客可自行在网上提出自愿或非自愿退票申请，订座系统会按照用户在网上提交退票申请的时间自动计算出退票应收手续费，所退票款将按旅客原支付方式返还，若旅客已打印过行程单，则必须将已打印的行程单寄回给航空公司，航空公司将在收到旅客邮寄的行程单后再进行退款。

### 7.2.2　客票退票操作

指令格式：

```
>TRFD:A/1/D
```

【说明】

A：全屏。

1：打票机序号。

D：国内的。

例 4：在 1 号打票机上将电子客票退票。

步骤 1，执行 DETR 指令，查看客票航段是否为“OPEN FOR USE”状态。否则无效，无法办理客票退票手续。输入：

```
>DETR:TN/784-8800001080

ISSUED BY: CHINA SOUTHERN AIRLINES   ORG/DST: PEK/CAN     ISI: SITI
ARL-D
TOUR CODE:
PASSENGER: 刘成
EXCH:                              CONJ TKT:
0 FM:1PEK CZ  3162  Y 19OCT 1005 OK Y   12OCT5/19OCT6 20K OPEN FOR USE
RL:/CE8HJ
TO: CAN
FC: 19OCT05PEK CZ CAN1500.00CNY1500.00END
FARE:          CNY  1500.0|FOP:CA()
TAX:           CNY  50.0CN|OI:
TAX:           CNY  20.0YQ|
TOTAL:         CNY  1570.0|TKTN: 784-8800001080
```

步骤 2，填写电子退票表格，生成退票单号。输入：

```
>TRFD:A/1/D

AIRLINE/BSP  TICKET  REFUND  INFORMATION  FORM
Rfd Number:0     Refund  Type:  DOMESTIC Device-ID:  1
Date/Time:2  5JUL11/0900  Agent:8888 IATA:08341678 Office:pek999
Airline Code:  Ticket No:      -  Check:
Conjunction No:1  Coupon No:1:0000  2:0000  3:0000  4:0000
Passenger Name:
Gross Refund:  Payment Form:CASH Currency Code:CNY-2
  SN CD AMMOUNT(SN-sequence number;CD-tax code)  ET-(Y/N):Y
T | 1   2  3   4
| 5   6  7  8
```

```
| 9   10  11  12
A | 13   14  15  16
| 17   18  19  20
| 21   22  23  24
X | 25   26  27
Commitment:%     Other Deduction:     RMK:/
Net Refund:          Credit Card:
P(Print)C(Copy)D(Delete)I/F3(Igno)R/F4(REF)E/F5(Exit)
```

【说明】

Airline Code：客票代码。

Conjunction No:1：表示退票的这名旅客有几张客票，1 表示退一张客票。

Coupon No:1:0000　2:0000　3:0000　4:0000：1、2、3、4 表示连续客票张数，后面 4 个“0”表示第一航段、第二航段、第三航段、第四航段。如果退第一张客票的第一航段，则将 1:0000 改成 1:1000；如果退第一张客票的第二航段，则将 2:0000 改成 1:0200；如果退第一张客票的第一、第二航段，则将 1:0000 改成 1:1200，依次类推。

Passenger Name：旅客姓名。

Gross Refund：票面价（不含税票价）。

ET-(Y/N)：是否电子客票。

Commitment：代理费。

Other Deduction：退票手续费。

Net Refund：实际退款（系统自动算出）。

步骤 3，填写退款单。

填写完退票单后，在屏幕右下方输入 transmit。说明退款记录已创建成功，系统自动生成退款单号，显示如下：

```
ACTION SUCCESSFUL
UPDATE REFUND
```

步骤 4，提取退款单号，打印退款单。输入：

```
>TRFD:1/D/单号

AIRLINE/BSP  TICKET  REFUND  INFORMATION  FORM
Rfd Number:0     Refund   Type:  DOMESTIC Device-ID:  1
Date/Time:2  5JUL11/0900  Agent:8888 IATA:08341678 Office:pek999
Airline Code:   Ticket No:      -  Check:
Conjunction No:1  Coupon No:1:0000  2:0000  3:0000  4:0000
Passenger Name:
Gross Refund:  Payment Form:CASH Currency Code:CNY-2
  SN CD AMMOUNT(SN-sequence number;CD-tax code)  ET-(Y/N):Y
T | 1    2   3   4
| 5    6   7   8
| 9   10  11  12
A | 13   14  15  16
```

```
    | 17   18  19  20
    | 21   22  23  24
    X | 25   26  27
    Commitment:%     Other Deduction:     RMK:/
    Net Refund:          Credit Card:
    P(Print)C(Copy)D(Delete)I/F3(Igno)R/F4(REF)E/F5(Exit)
```

步骤 5，执行 DETR 指令，查看客票航段是否为“REFUNDED”状态。输入：

```
    >DETR:TN/784-8800001080

    ISSUED BY: CHINA SOUTHERN AIRLINES   ORG/DST: PEK/CAN     ISI: SITI
ARL-D
    TOUR CODE:
    PASSENGER: 刘成
    EXCH:                              CONJ TKT:
    0 FM:1PEK CZ    3162  Y 19OCT 1005 OK Y          12OCT5/19OCT6 20K REFUNDED
    RL:/CE8HJ
    TO: CAN
    FC: 19OCT05PEK CZ CAN1500.00CNY1500.00END
    FARE:              CNY  1500.0|FOP:CA()
    TAX:               CNY  50.0CN|OI:
    TAX:               CNY  20.0YQ|
    TOTAL:             CNY  1570.0|TKTN: 784-8800001080
```

【说明】

退票单生成后，电子客票的状态由“OPEN FOR USE”已改为“REFUNDED”。如果需要修改退票单，则须先将原来的退票单删除，再将该电子客票的状态改回“OPEN FOR USE”，然后填新的退票单即可。

步骤 6，删除 PNR，释放座位。输入：

```
    >XEPNR@
```

# 思考与练习 7

## 一、思考题

1．什么是客票变更和客票签转？

2．客票退票可分为哪几类？

3．简述退票的工作流程。

## 二、实操练习

1．旅客张科，原订座记录如下：

```
1. 张科 MWDBQ
2. CA4516 Y   MO01FEB  SHACTU HK1   1040 1320
3. 64357823
4. TL/1200/25JAN/PEK191
5. PEK191
```

现申请将行程改为2月2日CA4516航班Y舱，按旅客要求办理客票变更。

2．旅客萧逸，电话为88785566，身份证号码为462203000011253122，预订东方航空11月29日海口至北京的座位，11月28日因本人原因要求退票。

（1）为旅客建立自动出票记录（先预订再出票）。

（2）为旅客办理退票。

# 第 8 章　旅客运送服务

## 学习目标

【知识目标】

（1）掌握国内、国际出港航班的旅客服务流程。

（2）掌握国内、国际到达航班的旅客服务流程。

（3）了解旅客中转的服务流程。

（4）了解旅客误机、漏乘和错乘的概念及处置流程。

（5）了解旅客登机牌遗失、航班超售等运输不正常服务流程。

【技能目标】

（1）能为误机等旅客运输不正常情况提供服务保障。

（2）能为航班超售等旅客运输不正常情况提供服务保障。

【素质目标】

（1）培养专业严谨、认真细致的工作作风。

（2）具有诚实守信、善于沟通、富有爱心的职业素养。

（3）具有集体意识和团队合作品质。

（4）具有良好沟通能力和包容心态。

（5）具有特殊情况下的应变能力和较强的心理素质。

## 8.1　旅客运送流程

国内航班旅客流程

### 8.1.1　旅客出发

#### 1. 国内出发

旅客国内出发流程：换登机牌→托运行李→安全检查→候机及登机（如图 8-1 所示）。

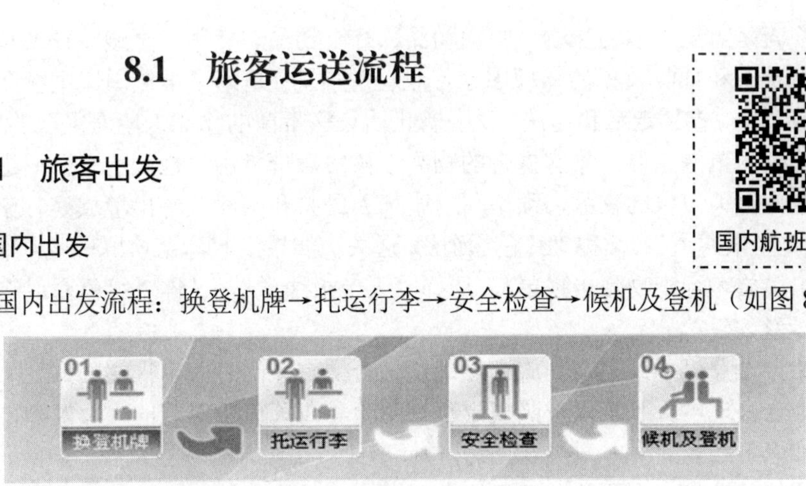


图 8-1　旅客国内出发流程

旅客国内出发手续简单，占用航站楼的时间少，但流量较大，因而国内旅客候机区的候机面积较小而通道比较宽。正常情况下，旅客国内出发的一般流程如下。

（1）旅客购票到达机场出发大厅后，在航班信息显示屏上查询所乘坐航班相应的值机柜台，凭本人有效身份证件到该值机柜台办理乘机和行李托运手续，领取登机牌。旅客一般可以在航班起飞前 90～180min 到值机柜台办理乘机手续，注意各机场关闭值机柜台的时限。

（2）通过安全检查。准备好登机牌、有效身份证件并交给安全检查员查验。为了飞行安全，旅客须从安全门通过，接受人身安检，随身行李物品须经 X 光机检查。

（3）候机与登机。安检后旅客可以根据登机牌上的登机口号码到相应候机区休息候机。登机时需要出示登机牌，应提前准备好。通常情况下，在航班起飞前约 30min 开始登机，旅客应留意广播提示。

国际航班旅客流程

## 2. 国际出发

旅客国际出发流程：海关检查→托运行李→检验检疫→边防检查→安全检查→候机及登机（如图 8-2 所示）。

图 8-2　旅客国际出发流程

国际旅客要办理护照、检疫等手续，行李也较多，在航站楼内停留的时间长，同时有些旅客还要在免税店购物，因而国际旅客的候机区要相应扩大候机室的面积，而通道面积要求较小。

1）海关检查

海关检查是对出入境的货物、邮递物品、行李物品、货币、金银、证券和运输工具等进行监督检查和征收关税的一项国家行政管理活动，是为了维护国家主权和利益，保护本国经济发展，查禁走私和违法行为，防止沾染病毒菌的物品入境而采取的检查措施。

海关检查的范围主要是旅客携带的物品，核实身份多由边检和航空公司进行。如果旅客携带有向海关申报的物品，须填写《中华人民共和国海关进出境旅客行李物品申报单》，选择“申报通道”（又称“红色通道”）通关；如果没有，无须填写《中华人民共和国海关进出境旅客行李物品申报单》，选择“无申报通道”（又称“绿色通道”）通关。

2）托运行李

在开始办理登机手续之前，旅客先确认是否携带须向海关申报的物品。如有应选择海关申报柜台办理申报手续（按照规定享有免验和海关免于监管的人员及随同成人旅行的 16 周岁以下旅客除外），再办理乘机和行李托运手续，领取登机牌。护照、签证及旅行证件等应随身携带，不要放在交运行李中运输。

如果旅客所乘航班将经停国内其他机场出境，可从“专门通道”经安全检查进入候机区登机。旅客可在航班起飞前 150～180min 到达航站楼，值机截止办理手续的时间为航班起飞前 30～60min 不等，具体情况按各机场规定执行。

3）检验检疫

如果旅客是出国一年以上的中国籍旅客，建议到检验检疫部门进行体检，以获取含艾滋病检测结果的有效健康证明；如果旅客将前往某一疫区，旅客应进行必要的免疫预防疫苗接种。携带以下物品的旅客，应主动向检验检疫官员申报：生物物种资源、活动物、动物食品、动物尸体或标本、植物及其产品、植物繁殖材料、土壤、微生物、人体组织、生物制品、血液及其制品。

4）边防检查

如果旅客是外籍旅客，须交验有效护照、签证、出境登记卡，并在有效入境签证上规定的期限内出境；如果旅客是中国旅客，须交验旅客的有效护照、签证、出境登记卡及有关部门签发的出国证明。

5）安全检查

旅客应提前准备好登机牌、有效护照等证件并交给安全检查员查验。为了飞行安全，旅客须从安全门通过接受人身安检，随身行李物品须经 X 光机检查。

6）候机及登机

安全检查后旅客可以根据登机牌上显示的登机口到相应候机区休息候机。登机时需要出示登机牌，应提前准备好。通常情况下，在航班起飞前约 40min 开始登机，旅客应留意广播提示。

## 8.1.2　旅客到达

### 1. 国内到达

旅客国内到达流程：航班到达→提取行李→离开机场（如图 8-3 所示）。

图 8-3　旅客国内到达流程

1）航班到达

如果航班停靠航站楼登机桥，旅客可沿进港廊道前往一楼行李提取厅，如果旅客乘摆渡车到达航站楼，下车后可直接进入行李提取厅。

2）提取行李

大部分机场行李提取厅位于一楼，其入口处设有行李转盘显示屏，旅客可根据航班号查知托运行李所在的转盘，如行李较多，可使用免费行李手推车或选择收费手推车服务。为确保旅客的行李不被误领，在出口处会有工作人员对旅客的行李牌/号进行检查核对，旅客如有疑问可到行李查询柜台咨询。

3）离开机场

提取行李后旅客进入到达大厅，出了到达大厅，旅客可选择机场巴士、出租车或其他交通工具离开机场。

### 2. 国际到达

旅客国际到达流程：航班到达→检验检疫→边防检查→提取行李→海关检查→离开机场（如图 8-4 所示）。

图 8-4　旅客国际到达流程

1）航班到达

旅客下飞机进入航站楼后，应依次办理以下手续。

2）检验检疫

旅客须如实填写《入境健康检疫申明卡》。旅客在飞机内如果得到检疫所发的卫生健康卡，应填写必要事项并交到卫生检疫地点，来自黄热病等传染病区的旅客，要向检验检疫机关出示有效的黄热病预防接种证书。

3）边防检查

外籍旅客入境须持有效的护照，并办妥中国入境签证；中国旅客凭有效护照入境。旅客入境时，须将填好的入境登记卡连同护照、签证一并交给边防检查站查验。

4）提取行李

与旅客国内到达行李提取流程相似。

5）海关检查

如果旅客有物品申报，要走红色通道，接受检查，办理海关手续；如果没有，可选择绿色通道。

6）离开机场

提取行李后的旅客将进入到达大厅，出了到达大厅，可选择机场巴士或出租车离开机场。

## 8.1.3　旅客中转

中转旅客是等候衔接航班的旅客，一般不到航站楼外活动，所以要专门安排他们的流动路线，当国内转国际航班或国际转国内航班的旅客较多时，流动路线比较复杂，如果流量较大，机场有关部门就应该适当考虑安排专门的流动线路。

### 1．国内转国内

旅客国内转国内航班流程：国内航班到达→办理中转手续→国内航班登机。

1）国内航班到达

下飞机后旅客可以经登机桥或乘摆渡车进入航站楼。

2）办理中转手续

如果旅客经登机桥进入航站楼，可前往候机楼中转柜台办理中转手续，如果旅客乘摆渡车到达航站楼，下车后前往国内中转柜台办理中转手续。

3）国内航班登机

办理中转手续后，旅客可直接前往候机区，到相应登机口候机，并留意航班显示屏及广播发布的有关航班信息。

如不能正常办理中转手续，应告知旅客是否先要提取行李，再依次办理如下手续：托运行李及换登机牌、安全检查、候机及登机。

### 2．国内转国际

旅客国内转国际航班流程：国内航班到达→提取行李→办理中转手续→海关检查→检验检疫→边防检查→安全检查→国际航班登机。

1）国内航班到达

下飞机后旅客可以经登机桥或乘摆渡车进入航站楼。

2）提取行李

一般机场行李提取厅位于一楼，其入口处设有行李转盘显示屏，旅客可根据航班号查知托运行李所在的转盘，如有疑问可到行李查询柜台咨询。

3）办理中转手续

中转手续依次为出境海关检查、行李安全检查、托运行李及换登机牌。

4）海关检查

如果旅客有物品申报，可走红色通道；如果没有，可走绿色通道。

5）检验检疫

旅客应持有必要的健康证明，并进行必要的免疫预防疫苗接种。

6）边防检查

旅客应持有有效护照、签证、出境登记卡及有关部门签发的出国证明。

7）安全检查

旅客准备好登机牌、有效护照等通过安全检查。

8）国际航班登机

到相应登机口候机，并留意航班显示屏及广播发布的有关航班信息。

### 3．国际转国际

旅客国际转国际航班流程：国际航班到达→办理中转手续→国际航班登机。

1）国际航班到达

下飞机后旅客可以经登机桥或乘摆渡车进入航站楼。

2）办理中转手续

中转手续依次为办理乘机手续、边防检查、安全检查。

3）国际航班登机

办理中转手续后，旅客可以前往候机区，到相应登机口候机，并留意航班显示屏及广播发布的有关航班信息。

#### 4．国际转国内

旅客国际转国内航班流程：国际航班到达→检验检疫→边防检查→提取行李→办理中转手续→安全检查→国内航班登机。

1）国际航班到达

下飞机后旅客可以经登机桥或乘摆渡车进入航站楼。

2）检验检疫

按照检验检疫机关要求，如实填写《入境健康检疫申明卡》；来自黄热病区的旅客，要向检验检疫机关出示有效的黄热病预防接种证书。

3）边防检查

旅客须持有有效护照、签证、入境登记卡。

4）提取行李

行李提取厅位于一楼，其入口处设有行李转盘显示屏，旅客可根据航班号查知托运行李所在转盘，如有疑问可到行李查询柜台咨询。

5）办理中转手续

中转手续依次为入境海关检查、行李安全检查、托运行李及换登机牌。

6）安全检查

请旅客准备好登机牌、有效身份证件等通过安全检查。

7）国内航班登机

到相应登机口候机，并留意航班显示屏及广播发布的有关航班信息。

## 8.2 旅客运输不正常服务

旅客运输不正常服务

### 8.2.1 误机、漏乘和错乘

#### 1．旅客误机

误机是指旅客未按规定的时间办妥乘机手续或因旅行证件不符合规定而未能搭乘上指定的航班。旅客误机后的处置：

（1）旅客如误机，应到原购票地点办理客票变更或退票手续。

（2）旅客误机后，如改乘后续航班，在后续航班有空余座位的情况下，承运人应积极予以安排，不收误机费（团体旅客除外）。

（3）旅客误机后，如要求退票，承运人应按规定收取误机费。国内各航空公司关于退票的规定略有不同。例如：

①在航班柜台关闭后至航班规定离站时间前提出退票，收取原付票款 20%的误机费；

②在航班规定离站时间后提出退票，收取原付票款 50%的误机费（各航空公司规定不一，一般收取原付票款的 30%～50%）；

③因承运人原因造成旅客误机，旅客要求退票的，按非自愿退票处理。

（4）团体旅客误机，客票作废，票款不退（承运人原因除外）。

（5）旅客误机后，如改乘后续航班，应在客票“票价计算”栏内加盖“误机/NO SHOW”印章，并注明误机时间。

### 2．旅客漏乘

漏乘是指旅客在航班始发站办理乘机手续后或在经停站过站时未搭乘上指定的航班。按照旅客类型分类可分为过站旅客漏乘与始发旅客漏乘。

1）过站旅客漏乘

过站旅客到达经停站后，精力不集中，认为已到达了目的站，因此下了飞机之后根本没有注意机场的标识标牌及工作人员的提醒，直接走出候机楼，坐上班车就前往市区，导致漏乘。

过站旅客知道自己到了经停站，也换取了工作人员发放的过站登机牌，但是在候机隔离厅里面购物、上洗手间、看书报、睡觉等，注意力不集中，没有注意到登机广播，导致漏乘。

2）始发旅客漏乘

旅客办理完登机牌进入隔离厅之后，在错误的登机口休息等待，没有注意听登机口广播，或者在吸烟、看书报、逛商店、用餐等，导致漏乘，这类情况在所有漏乘旅客中出现较多。

小部分旅客本身到机场时间就很晚，已经结束办理乘机手续，机场工作人员为了给旅客提供方便给予办理，但该旅客在过安全检查和到达登机口的过程中花费了过多的时间，无法登机，造成漏乘。

旅客办理完手续进入隔离厅后，登机牌丢失，需要重新补办，在补办的过程中超过了最后登机时间，无法登机，造成漏乘。

机场登机口更改，广播通知了更改登机口，旅客没有注意到广播通知，也没有注意听登机广播，导致漏乘。

由于机场设施原因（电力系统、离港系统、安检仪器、广播系统等），导致旅客不能够办理登机牌或不能进行安全检查、没有听到登机广播，造成漏乘。

旅客漏乘后按下列规定处理：因旅客原因造成漏乘，旅客要求退票的，应到原购票地点办理退票手续，承运人可以收取适当的误机费；由于承运人原因造成旅客漏乘，承运人应当尽早安排旅客乘坐后续航班。如旅客要求退票，始发站应退还全部票款，经停站应退还未使用航段的全部票款，均不收取退票费。

### 3. 旅客错乘

错乘是指旅客乘坐了不是客票上列明的航班。

旅客错乘按下列规定处理：旅客错乘航班，承运人应安排错乘旅客搭乘最早飞往旅客客票上目的地的航班，票款不补不退。

由于承运人原因旅客错乘，承运人应尽早安排旅客乘坐后续航班。如旅客要求退票，始发站应退还全部票款，经停站应退还未使用航段全部票款，均不收取退票费。

## 8.2.2 登机牌遗失

登机前，如旅客声明登机牌遗失，可按下列程序处理。

（1）核查客票和旅客本人及其有效身份证件是否一致。如挂失时旅客已通过安检，应会同安检部门核查。

（2）如属于团体旅客，应核查该团体实际人数。

（3）经核查确认属本航班旅客并已办理乘机手续，可以补发登机牌。

（4）补发的登机牌，如属团体旅客不能确定座位号时应注明“候补”字样。

（5）如航班登机人数不符，应查明原因，参照本节以上各条规定处理。

（6）对于故意行为的无票乘机旅客，必要时应交机场公安部门处理。

## 8.2.3 无票乘机

未满 2 周岁的婴儿无票乘机，应按婴儿票价补收票款。对成人或儿童无票乘机的在飞机起飞前发现，及时报告值班主任和商务调度室，交机场公安部门处理。

无票乘机不单是危及自身安全，甚至对民航安全造成破坏，最重要的是可能带来人身伤亡等难以挽回的后果，波及的不仅仅是成千上万的旅客，还有身处机场的安检、机务、地面保障等工作人员。《中华人民共和国民用航空法》第一百零二条规定“公共航空运输企业不得运输拒绝接受安全检查的旅客”，第一百零九条规定“旅客乘坐民用航空器，应当交验有效客票”，因此旅客躲避安全检查、逃避购票义务，是明显的违法行为。

## 8.2.4 航班超售

航班超售是指各航空公司为避免座位虚耗，最大限度地提高飞机的座位利用率，在特定的时间内对特定航班进行超出飞机的最大座位数（经济舱座位数）销售的行为。超售是指航空公司接受比航班实际座位数多的订座，以期将座位虚耗和超售总期望成本降到最低的过程。

### 1. 超售原因

小部分旅客临时改变出行计划，或者由于其他一些原因没有乘坐机票上列明的航班，而又未能及时通知航空公司，造成航空公司一些看似满客的航班在起飞后往往会有座位空余，使一些临时有旅行需求的旅客因为航班的虚假满客而被拒绝，同时，航空公司的利益也受到了损失。基于这些原因，航空公司会对少量航班实行超售。

### 2. 后续服务

（1）优先安排最早可利用的航班保障旅客尽快出发；

（2）或按非自愿退票处理，不收取退票费；

（3）或按非自愿变更航程处理，票款多退少不补；

（4）如所安排的后续航班为次日航班，应免费为旅客提供膳宿。

## 思考与练习 8

1. 简述国内、国际出发航班的旅客流程。
2. 简述国内、国际到达航班的旅客流程。
3. 简述旅客中转流程。
4. 旅客误机、漏乘、错乘的区别是什么？
5. 登机牌遗失后应该如何处理？
6. 简述航班超售的后续处置方法。

# 附 录 A

## 附录 A.1 国内部分机场三字代码表

| 省份/直辖市/自治区 | 城市 | 三字代码 | 机场名称 | 省份/直辖市/自治区 | 城市 | 三字代码 | 机场名称 |
|---|---|---|---|---|---|---|---|
| 安徽省 | 安庆 | AQG | 天柱山 | 辽宁省 | 丹东 | DDG | 浪头 |
| | 池州 | JUH | 九华山 | | 大连 | DLC | 周水子国际 |
| | 阜阳 | FUG | 西关 | | 锦州 | JNZ | 小岭子 |
| | 合肥 | HFE | 新桥国际 | 内蒙古 | 包头 | BAV | 海兰泡 |
| | 黄山 | TXN | 屯溪 | | 赤峰 | CIF | 土城子 |
| 北京 | 北京 | PKX | 大兴国际 | | 鄂尔多斯 | DSN | 鄂尔多斯 |
| | 北京 | PEK | 首都国际 | | 呼和浩特 | HET | 白塔国际 |
| 福建省 | 福州 | FOC | 长乐国际 | | 海拉尔 | HLD | 东山 |
| | 晋江 | JJN | 晋江国际 | | 乌兰浩特 | HLH | 乌兰浩特 |
| | 连城 | LCX | 连城 | | 满洲里 | NZH | 西郊 |
| | 武夷山 | WUS | 武夷山 | | 通辽 | TGO | 通辽 |
| | 厦门 | XMN | 高崎国际 | | 乌海 | WUA | 乌海 |
| 甘肃省 | 酒泉 | CHW | 酒泉 | | 锡林浩特 | XIL | 锡林浩特 |
| | 敦煌 | DNH | 敦煌 | | 阿拉善左旗 | AXF | 巴彦浩特 |
| | 庆阳 | IQN | 西峰镇 | | 阿拉善右旗 | RHT | 巴丹吉林 |
| | 嘉峪关 | JGN | 嘉峪关 | 宁夏 | 银川 | INC | 河东国际 |
| | 兰州 | LHW | 中川国际 | 青海省 | 格尔木 | GOQ | 格尔木 |
| 广东省 | 广州 | CAN | 白云国际 | | 西宁 | XNN | 曹家堡 |
| | 佛山 | FUO | 沙堤 | 山东省 | 东营 | DOY | 永安 |
| | 梅州 | MXZ | 梅县 | | 济宁 | JNG | 曲阜 |
| | 揭阳 | SWA | 潮汕 | | 青岛 | TAO | 胶东国际 |
| | 深圳 | SZX | 宝安国际 | | 济南 | TNA | 遥墙国际 |
| | 湛江 | ZHA | 湛江 | | 潍坊 | WEF | 文登 |

续表

| 省份/直辖市/自治区 | 城　市 | 三字代码 | 机场名称 | 省份/直辖市/自治区 | 城　市 | 三字代码 | 机场名称 |
|---|---|---|---|---|---|---|---|
| 广东省 | 珠海 | ZUH | 三灶 | 山东省 | 威海 | WEH | 大水泊 |
| 广西 | 北海 | BHY | 福成 | | 烟台 | YNT | 莱山 |
| | 桂林 | KWL | 两江国际 | 山西省 | 长治 | CIH | 王村 |
| | 柳州 | LZH | 白莲 | | 大同 | DAT | 怀仁 |
| | 南宁 | NNG | 吴圩国际 | | 临汾 | LFQ | 尧都 |
| | 梧州 | WUZ | 长洲岛 | | 太原 | TYN | 武宿 |
| | 百色 | AEB | 田阳 | | 运城 | YCU | 关公 |
| 贵州省 | 贵阳 | KWE | 龙洞堡国际 | 陕西省 | 安康 | AKA | 五里铺 |
| | 兴义 | ACX | 兴义 | | 延安 | ENY | 二十里铺 |
| | 铜仁 | TEN | 凤凰 | | 汉中 | HZG | 西关 |
| | 遵义 | ZYI | 遵义 | | 榆林 | UYN | 西沙 |
| | 黎平 | HZH | 黎平 | | 西安 | XIY | 咸阳国际 |
| | 安顺 | AVA | 黄果树 | 上海 | 浦东 | PVG | 浦东国际 |
| 海南省 | 海口 | HAK | 美兰国际 | | 虹桥 | SHA | 虹桥国际 |
| | 三亚 | SYX | 凤凰国际 | 四川省 | 成都 | CTU | 双流国际 |
| | | | | | | FTU | 天府国际 |
| 河北省 | 邯郸 | HDG | 邯郸 | | 达州 | DAX | 河市霸 |
| | 秦皇岛 | SHP | 山海关 | | 广元 | GNY | 广元 |
| | 石家庄 | SJW | 正定 | | 九寨沟 | JZH | 黄龙 |
| 河南省 | 安阳 | AYN | 安阳 | | 泸州 | LZO | 蓝田 |
| | 郑州 | CGO | 新郑国际 | | 绵阳 | MIG | 南郊 |
| | 洛阳 | LYA | 北郊 | | 南充 | NAO | 高坪 |
| | 南阳 | NNY | 姜营 | | 攀枝花 | PZI | 攀枝花 |
| 黑龙江省 | 大庆 | DQA | 萨尔图 | | 万州 | WXN | 万县 |
| | 黑河 | HEK | 黑河 | | 西昌 | XIC | 青山 |
| | 哈尔滨 | HRB | 太平国际 | | 宜宾 | YBP | 菜坝 |
| | 佳木斯 | JMU | 东郊 | 天津 | 天津 | TSN | 滨海国际 |
| | 牡丹江 | MDG | 海浪 | 西藏 | 昌都 | BPX | 昌都马草 |
| | 齐齐哈尔 | NDG | 三家子 | | 拉萨 | LXA | 贡嘎国际 |
| 湖北省 | 恩施 | ENH | 许家坪 | | 林芝 | LZY | 米林 |
| | 武汉 | WUH | 天河国际 | | 阿里 | NGQ | 昆莎 |
| | 襄阳 | XFN | 刘集 | | 日喀则 | RKZ | 和平 |

续表

| 省份/直辖市/自治区 | 城　市 | 三字代码 | 机场名称 | 省份/直辖市/自治区 | 城　市 | 三字代码 | 机场名称 |
|---|---|---|---|---|---|---|---|
| 湖北省 | 宜昌 | YIH | 三峡 | 新疆 | 阿克苏 | AKU | 红旗坡 |
| | 荆州 | SHS | 沙市 | | 富蕴 | FYN | 可可托海 |
| 湖南省 | 常德 | CGD | 桃花源 | | 哈密 | HMI | 哈密 |
| | 长沙 | CSX | 黄花国际 | | 和田 | HTN | 和田 |
| | 张家界 | DYG | 荷花 | | 且末 | IQM | 且末 |
| | 怀化 | HJJ | 芷江 | | 库车 | KCA | 库车 |
| | 永州 | LLF | 零陵 | | 喀什 | KHG | 喀什 |
| | 衡阳 | HNY | 南岳 | | 库尔勒 | KRL | 库尔勒 |
| 吉林省 | 长春 | CGQ | 龙嘉国际 | | 克拉玛依 | KRY | 克拉玛依 |
| | 吉林 | JIL | 二台子 | | 塔城 | TCG | 塔城 |
| | 通化 | TNH | 通化 | | 乌鲁木齐 | URC | 地窝堡国际 |
| | 延吉 | YNJ | 朝阳川 | | 伊宁 | YIN | 伊宁 |
| 江苏省 | 常州 | CZX | 奔牛 | 云南省 | 保山 | BSD | 保山 |
| | 连云港 | LYG | 白塔埠国际 | | 迪庆香格里拉 | DIG | 迪庆 |
| | 南京 | NKG | 禄口国际 | | 大理 | DLU | 大理 |
| | 南通 | NTG | 兴东 | | 西双版纳 | JHG | 景洪 |
| | 无锡 | WUX | 苏南硕放国际 | | 昆明 | KMG | 长水国际 |
| | 徐州 | XUZ | 观音国际 | | 丽江 | LJG | 三义国际 |
| | 扬州 | YTY | 扬州泰州 | | 临沧 | LNJ | 临沧 |
| | 盐城 | YNZ | 南洋 | | 德宏 | LUM | 芒市 |
| | 苏州 | SZV | 光福 | | 思茅 | SYM | 思茅 |
| 江西省 | 景德镇 | JDZ | 罗家 | | 昭通 | ZAT | 昭通 |
| | 井冈山 | JGS | 井冈山 | 浙江省 | 杭州 | HGH | 萧山国际 |
| | 九江 | JIU | 庐山 | | 舟山 | HSN | 普陀山 |
| | 南昌 | KHN | 昌北 | | 台州/黄岩 | HYN | 路桥 |
| | 赣州 | KOW | 黄金 | | 衢州 | JUZ | 衢州 |
| 辽宁省 | 沈阳 | SHE | 桃仙国际 | | 宁波 | NGB | 栎社国际 |
| | 鞍山 | AOG | 腾鳌 | | 温州 | WNZ | 龙湾国际 |
| | 朝阳 | CHG | 朝阳 | | 义乌 | YIW | 义乌 |
| | 长海 | CNI | 大长山岛 | 重庆 | 重庆 | CKG | 江北国际 |
| 澳门 | 澳门 | MFM | 澳门国际 | 香港 | 香港 | HKG | 香港国际 |

# 附录 A.2　中国主要航空公司二字代码表

| 地　区 | 中 文 名 | 英 文 名 | 二字代码 | 数 字 码 |
| --- | --- | --- | --- | --- |
| 大陆 | 中国国际航空股份有限公司 | Air China | CA | 999 |
| | 中国南方航空集团有限公司 | China Southern Airlines | CZ | 784 |
| | 中国东方航空集团有限公司 | China Eastern Airlines | MU | 781 |
| | 厦门航空有限公司 | Xiamen Airlines | MF | 731 |
| | 上海航空股份有限公司 | Shanghai Airlines | FM | 774 |
| | 海南航空控股股份有限公司 | Hainan Airlines | HU | 880 |
| | 云南祥鹏航空有限责任公司 | Lucky Air | 8L | 859 |
| | 奥凯航空有限公司 | Okay Airways | BK | 866 |
| | 山东航空股份有限公司 | Shandong Airlines | SC | 324 |
| | 深圳航空有限责任公司 | Shenzhen Airlines | ZH | 479 |
| | 四川航空股份有限公司 | Sichuan Airlines | 3U | 876 |
| | 中国联合航空有限公司 | China United Airlines | KN | 822 |
| 澳门 | 澳门航空股份有限公司 | Air Macau | NX | 675 |
| 台湾 | 中华航空股份有限公司 | China Airlines | CI | 297 |
| | 长荣航空股份有限公司 | Eva Air | BR | 695 |
| | 复兴航空运输股份有限公司 | TransAsia Airways | GE | 170 |
| 香港 | 国泰港龙航空有限公司 | Cathay Dragon Airlines | KA | 43 |
| | 国泰航空有限公司 | Cathay Pacific Airways | CX | 160 |

# 附录 A.3　订座系统中可以接收的特殊服务代码表

| 序　号 | 服务代码 | 含义和格式 |
|---|---|---|
| 1 | ADTK | 含义：出票通知（Advise if ticketed）。目前在系统中应用于自动清票功能，由系统自动给出，不用手动输入 |
| 2 | AVIH | 含义：Animal in Hold-specify details（被约束的动物） |
| 3 | AVML | 含义：亚洲素食申请（VEGETARIAN HINDU MEAL） |
| 4 | BBML | 含义：婴儿餐食申请（BABY MEAL） |
| 5 | BIKE | 含义：携带自行车（Bicycle-specify number）。<br>输入格式：<br>> SSR:服务代码 航空公司代码 行动代码及数量/旅客标识/航段序号 |
| 6 | BIRS | 含义：旅客生日。<br>输入格式：<br>> SSR:服务代码 航空公司代码 HK / 生日日期自由文本/旅客标识/航段序号<br>其中，生日日期格式为 DDMMM，且应与航班起飞日期一致 |
| 7 | BLML | 含义：不油腻的餐食申请（BLAND MEAL） |
| 8 | BLND | 含义：盲人（Blind Passenger-specify if accompanied by seeing eye dog or other service animal） |
| 9 | BSCT | 含义：摇篮车（Bassinet/carrycot/baby basket）。<br>输入格式：<br>> SSR:服务代码 航空公司代码 行动代码及数量/旅客标识/航段序号 |
| 10 | BULK | 含义：大件行李（Bulky Baggage-specify number, weight, size if known） |
| 11 | CBBG | 含义：超大行李申请（行李随同旅客占一个座位）。注意，PNR 中的姓名项应输入<br>> NM:2LI/YAN/CBBG，否则输入 SSR CBBG 时会提示错误信息 |
| 12 | CHML | 含义：儿童餐食申请（CHILD MEAL） |
| 13 | CKIN | 含义：Provides information for airport personnel for passenger handling at departure time for which no other SSR code exists and does not require a reply（为机场人员提供信息，以便在出发时协调乘客） |
| 14 | COUR | 含义：Courier（急件） |
| 15 | DBML | 含义：糖尿病患者专用餐食申请（DIABETIC MEAL） |
| 16 | DEAF | 含义：Deaf Passenger-specify if accompanied by hearing dog or other service animal［聋哑旅客（如果有助听犬或其他动物陪伴，须详细说明）］ |
| 17 | DEPA | 含义：被驱逐出境（有人陪伴，Deportee-accompanied by an escort） |
| 18 | DEPU | 含义：被驱逐出境（无人陪伴，Deportee-unaccompanied） |
| 19 | DOCA | 含义：输入旅客的居住地及目的地地址信息。<br>输入格式：<br>> SSR DOCA 航空公司代码 HK1 地址类型/国家/详细地址/城市/所在省市（州）信息/邮编/I 婴儿标识/P1<br>说明：可以用 DAPI 指令输入，见 DOCS 的说明。<br>例：<br>> SSR DOCA CA HK1 R/USA/16000 SMITH STREET/LONDON/TX/77001/I/P1 |

续表

| 序　号 | 服务代码 | 含义和格式 |
| --- | --- | --- |
| 20 | DOCO | 含义：输入旅客的其他相关信息，如 VISA 卡信息等。<br>输入格式：<br>> SSR DOCO 航空公司代码 HK1 出生地/类型 V/VISA 卡号码/发卡地区/发卡日期/有效国家/婴儿标识 I/P1<br>说明：可以用 DAPI 指令输入，见 DOCS 的说明。<br>例：<br>> SSR DOCO CA HK1<br>BIRTHPLACE/V/VISA NUMBER/ISSUE PLACE/10MAY04/USA/I/P1 |
| 21 | DOCS | 含义：输入旅客的护照等证件信息。<br>输入格式：<br>> SSR DOCS 航空公司代码 Action-Code 1 证件类型/发证国家/证件号码/国籍/出生日期/性别/证件有效期限/SURNAME/FIRST-NAME/MID-NAME/持有人标识 H/P1<br>说明：可以使用 DAPI 指令输入 SSR DOCS 项。方法是在 RT PNR 之后，输入> DAPI:旅客序号/航段序号，如> DAPI:P1/S2，然后在显示的表格中填写旅客信息。<br>例：<br>> SSR DOCS CA HK1 P/ USA/ PASSPORT NUMBER /USA/ 10MAY79/ M/ 10MAY10/ SURNAME/ FIRST-NAME/ MID-NAME/H/P1 |
| 22 | EXST | 含义：为个人舒适而申请的额外座位，即同一旅客占用两个座位，姓名项输入> NM:2LI/YAN/EXST，否则输入 SSR EXST 时会提示错误信息 |
| 23 | FOID | 含义：旅客身份识别项。<br>输入格式：<br>> SSR FOID 航空公司代码 HK/NI 身份证号/旅客编号<br>例：<br>> SSR FOID HU HK/NI110101700101001/P1 |
| 24 | FPML | 含义：果盘（FRUIT PLATTER MEAL） |
| 25 | FQTR | 含义：常客里程兑换免票（Frequent traveller award redemption journey）。<br>输入格式：<br>> SSR:FQTR 航空公司代码 HK/常客卡号/旅客标识/航段序号 |
| 26 | FQTS | 含义：常旅客服务（Frequent traveller service benefit information ,used by bilateral agreement only）。<br>输入格式：<br>> SSR:FQTS 航空公司代码 HK/常客卡号/旅客标识/航段序号 |
| 27 | FQTU | 含义：常旅客升舱（Frequent traveller requesting redemption for upgrade at the same time as obtaining accrual，used by bilateral agreement only）。<br>输入格式：<br>> SSR:FQTU 航空公司代码 HK/常客卡号/旅客标识/航段序号/升舱前的原始舱位<br>例：<br>> SSR:FQTU CA HK/CA 000001481/P1/S2/Y |

续表

| 序 号 | 服务代码 | 含义和格式 |
| --- | --- | --- |
| 28 | FQTV | 含义：常旅客信息。<br>输入格式：<br>>SSR:FQTV 航空公司代码 HK/常客卡号/旅客标识/航段序号 |
| 29 | FRAG | 含义：易碎行李（Fragile Baggage-specify number, weight, size, if known） |
| 30 | FRAV | 含义：First Available（第一个可利用的） |
| 31 | GFML | 含义：GLUTEN INTOLERANT MEAL（过量的自由食品） |
| 32 | GMJC | 含义：革命伤残人士 |
| 33 | GPST | 含义：Group Seat Request－（include seat preferences） |
| 34 | GRPF | 含义：团体运价（Group Fare Data）。<br>输入格式：<br>>SSR:GRPF 航空公司代码 自由文本 |
| 35 | GRPS | 含义：Passenger travelling together over one or more segments utilizing a common identity assigned by the booking member |
| 36 | HNML | 含义：印度餐申请（HINDU MEAL） |
| 37 | INFT | 含义：携带婴儿。<br>输入格式：<br>>SSR:INFT 航空公司代码 NN1/婴儿姓名/BABY 出生日期（DDMMMYY）/旅客序号/航段序号 |
| 38 | KSML | 含义：洁净的餐食申请（KOSHER MEAL） |
| 39 | LANG | 含义：Specify language（s）spoken |
| 40 | LCML | 含义：低热量餐食申请（LOW CALORIE MEAL） |
| 41 | LFML | 含义：低胆固醇餐食申请（LOW FAT MEAL） |
| 42 | LSML | 含义：低盐餐食申请（LOW SALT MEAL） |
| 43 | MAAS | 含义：Meet and assist-specify details［满足与帮助（用于特殊细节）］ |
| 44 | MEDA | 含义：Medical case（Company medical clearance may be required）［健康状况（旅客医疗状况证明也可能需要）］ |
| 45 | MOML | 含义：穆斯林餐食申请（MOSLEM MEAL） |
| 46 | NLML | 含义：无乳糖餐食申请（LOW LACTOSE MEAL） |
| 47 | NSSA | 含义：靠走廊的无烟座位（No Smoking Aisle Seat，specific seat number may be included in reply）<br>输入格式：<br>>SSR:服务代码 航空公司代码 行动代码及数量/旅客标识/航段序号 |
| 48 | NSSB | 含义：No Smoking Bulkhead Seat（specific seat number may be included in reply）［舱壁的座位不准吸烟（指定可以被包括的）］<br>输入格式：<br>>SSR:服务代码 航空公司代码 行动代码及数量/旅客标识/航段序号 |
| 49 | NSST | 含义：无烟座位（No Smoking Seat，specific seat number may be included） |

续表

| 序　　号 | 服务代码 | 含义和格式 |
| --- | --- | --- |
| 50 | NSSW | 含义：靠窗的无烟座位（No Smoking Window Seat，specific seat number may be included in reply）<br>输入格式：<br>> SSR:服务代码 航空公司代码 行动代码及数量/旅客标识/航段序号 |
| 51 | OTHS | 含义：其他服务类型。内容项为自由文本输入格式。<br>输入格式：<br>> SSR OTHS 航空公司代码 自由文本<br>例：<br>> SSR OTHS CA PLS CONFIRM THE SEAT TANKS |
| 52 | PCTC | 含义：Passenger provided contact for passenger（紧急和旅客联系） |
| 53 | PETC | 含义：Animal in cabin-specify details（机舱内的动物） |
| 54 | PSPT | 含义：护照信息。<br>输入格式：<br>> SSR PSPT AIRLINE-CODE HK1/护照号码/国籍/旅客生日/旅客姓/旅客名/性别及婴儿标识/持有人标识/P#<br>国籍——中国 CN，美国 US。旅客生日——DDMMYY。性别及婴儿标识：M—MALE（男），F—FEMALE（女），MI——男孩，FI——女孩。可以选择输入，若不输必须以“/”隔开。持有人标识——H<br>例：<br>> SSR PSPT CA HK1/1234567890123456/CN/20APR02/TEST/CAAC/MI/H/P1 |
| 55 | RLOC | 含义：记录编号（Record Locator）。<br>输入格式：<br>> SSR:RLOC 航空公司代码 自由文本 |
| 56 | RQST | 含义：座位申请（Seat Request-include specific number or preference） |
| 57 | RVML | 含义：未加工水果素食申请（VEGETARIAN RAW MEAL） |
| 58 | SEAT | 含义：机上座位预订申请（通常应用于提供 ASR 功能的航班）。<br>输入格式：<br>> SSR:服务代码 航空公司代码 行动代码及数量 航段信息 座位特征标识/旅客标识<br>例：<br>> SSR SEAT CA NN1 PEKPVG 1985 Y03OCT 12AN |
| 59 | SEMN | 含义：海员（Ship's Crew-Seamen） |
| 60 | SFML | 含义：海味餐食申请（SEAFOOD MEAL） |
| 61 | SLPR | 含义：Berth/Bed in the cabin but excludes stretcher（在机舱中除了担架以外的卧铺或床）<br>输入格式：<br>> SSR:服务代码 航空公司代码 行动代码及数量/旅客标识/航段序号 |
| 62 | SMSA | 含义：靠走廊的吸烟座位（Smoking Aisle Seat，specific seat number may be included in reply） |

续表

| 序　号 | 服务代码 | 含义和格式 |
|---|---|---|
| 63 | SMSB | 含义：Smoking bulkhead Seat（specific seat number may be included in reply）<br>输入格式：<br>> SSR:服务代码 航空公司代码 行动代码及数量/旅客标识/航段序号 |
| 64 | SMST | 含义：吸烟座位（Smoking Seat） |
| 65 | SMSW | 含义：Smoking Window Seat（specific seat number may be included in reply）（靠窗的吸烟座位）<br>输入格式：<br>> SSR:服务代码 航空公司代码 行动代码及数量/旅客标识/航段序号 |
| 66 | SPEQ | 含义：运动装备（Sports Equipment-specify type of equipment, number, weight, size, if known） |
| 67 | SPML | 含义：特殊餐食申请（SPECIAL MEAL） |
| 68 | STCR | 含义：Stretcher passenger（担架旅客）<br>输入格式：<br>> SSR:服务代码 航空公司代码 行动代码及数量/旅客标识/航段序号 |
| 69 | TDML | 含义：初学走路的孩子的餐食［Addition of a TDML （toddler）meal code］ |
| 70 | TKNA | 含义：Ticket numbers for automatically （system）generated paper tickets. This code shall only be system generated（系统自动生成的票号，此代码由系统自动生成）<br>输入格式：在 TADD 指令中如果设置了 SRT 或 OST，系统会在打票时自动生成 SSR TKNA 项 |
| 71 | TKNE | 含义：电子客票票号。ETDZ 打票之后会自动生成，也可手动输入。<br>输入格式：<br>> SSR:服务代码 航空公司代码 行动代码及数量 航段信息票号/航段序号/旅客标识<br>例：<br>> SSR TKNE HU HK1 HAKPEK 7281 Y20OCT 8805440202060/1/P1 |
| 72 | TKNM | 含义：手动输入票号（Manually entered ticket number（s）to report handwritten tickets or a repeat transmission） |
| 73 | TKNR | 含义：Notification that an electronically ticketed reservation has been changed |
| 74 | TKTL | 含义：出票时限标注（系统中通常直接使用 TK 指令直接购建 TL 出票时限项，系统也能接收 SSR TKTL 指令直接输入，但此格式目前没有任何用途）。<br>输入格式：<br>> SSR TKTL 航空公司代码 行动代码及数量 自由文本<br>例：<br>> SSR TKTL CA HK1 PEK 1200/01OCT |
| 75 | TWOV | 含义：无签证过境（Transit/transfer without Visa） |
| 76 | UMNR | 含义：无人陪伴儿童。输入无人陪伴儿童姓名项，SSR UMNR 项会自动生成。<br>例：<br>> NM1LI/YAN（UM6）<br>输出 SSR UMNR 项：<br>3.SSR UMNR YY NN1 UM6/P1 |

续表

| 序　号 | 服务代码 | 含义和格式 |
|---|---|---|
| 77 | VGML | 含义：素食申请（VEGETATIAN VEGAN MEAL） |
| 78 | VJML | 含义：VEGETARIAN JAIN MEAL（耆那教餐） |
| 79 | VLML | 含义：西方素食申请（VEGETARIAN LACTO-OVO MEAL） |
| 80 | VOML | 含义：VEGETARIAN ORIENTAL MEAL（东方素食） |
| 81 | WCBD | 含义：轮椅-干电池（由一个可要求提前通知准备装配的乘客运送，重量和尺寸可以被指定，轮椅和电池是必要的，且必须反复地在每一个站点被再次检查） |
| 82 | WCBW | 含义：轮椅-由乘客运输的湿电池，可能需要提前通知，可以指定重量和尺寸，且必须反复地在每一个站点被再次检查（要求只用在美国运输之间） |
| 83 | WCHC | 含义：轮椅（旅客完全固定在轮椅上，需要轮椅运输上下飞机客舱） |
| 84 | WCHR | 含义：轮椅（R 代表客机梯子，旅客能用客机梯到达自己的座位，但需要轮椅来安排长途旅行） |
| 85 | WCHS | 含义：轮椅（S 代表梯子，旅客不能升降梯子，但可自选到达座位上，需要轮椅来安排长途旅行） |
| 86 | WCOB | 含义：在飞机上的轮椅（由航空公司提供） |

# 附录 A.4　航空公司舱位对照表

| 航司 | 两字码 | 结算码 | 豪华头等舱 | 头等舱 | 头等舱折扣 | 公务舱 | 公务舱折扣 | 高端经济舱 | 全价 | 9 | 8.5 | 8 | 7.5 | 7 | 6.5 | 6 | 5.5 | 5 | 5 | 4 | 30-40 | 特价 | 中转联程 | 特殊 | 往返 |  |
|---|---|---|---|---|---|---|---|---|---|---|---|---|---|---|---|---|---|---|---|---|---|---|---|---|---|---|
| 国航 | CA | 999 | P | F | A | C | D/Z | W/J | Y | B | M | H | K | L | L1 | Q | Q1 | G | V | U |  | E |  | N | T |  |
| 东航 | MU | 781 |  | F | P/A | C | D |  | Y | B | E | H | L | M | N | R | S | V | T | W | G | X | Q | U/I |  |  |
| 南航 | CZ | 784 |  | F | A/P | C | D | W/Z | Y | T | K | H | M | G | S | L | Q | E | V | X |  |  | B | R/O | N |  |
| 厦航 | MF | 731 | P | F | J |  |  |  | Y | B | H | K | L | M | N | Q | T | V | X | R |  | W |  |  | I | U/G |
| 海航 | HU | 880 | R | F | F1/P/A | C | D/J/I |  | Y | B | H | K | L | M | M1 | Q | Q1 | X | U | E |  | T/Z/N | V | G |  | W/S/O |
| 深航 | ZH | 479 |  | F | P/A/O | C |  |  | Y | B | M | H | K | L | J | Q | Z | G | V | W | B | E |  |  | T | S/T/X/N |
| 山航 | SC | 324 |  | F | A/O | C |  |  | Y | B | M | H | K | L | P | Q | G | V | U | Z |  |  |  |  |  | X/N/S/R/E |
| 川航 | 3U | 876 |  | F | A | C | D/J |  | Y | T | T1 | H | M | G | S | L | Q | E | V | R | K |  | W |  | U | I/N/B/X/P/Z |
| 联合 | KN | 882 |  | F |  | C | J/Z | O/D | Y | B | E | H | L | M | N | R | S | V | T |  | W |  |  |  |  | G/X/Q/U/I |
| 上航 | FM | 774 |  | F |  | C |  |  | Y | B | E | H | L | M | N | R | S | V | T | W |  |  | Q |  |  |  |
| 鹰联 | EU | 811 |  | F | A | C | J |  | Y | T |  | H | M | G | S | L | Q | E | V | R |  | Z/J/W | I |  |  | K/I/N/D/Z |
| 奥凯 | BK | 866 |  | F | C |  |  |  | Y | B | H | K | M | L | N | Q | X | E | U | T | O |  |  | G | D | S/R/V |
| 祥鹏 | 8L | 859 |  | F |  | C |  |  | Y | B | H | K | L | M | M1 | Q | Q1 | X | U | E |  |  |  |  |  |  |
| 天津 | GS | 826 |  | F | A/P | C | D/J |  | Y | B | H | K | L | M |  | Q |  | X | U | E |  | Z/T | V | N |  | I/W/R |
| 吉祥 | HO | 018 |  | F |  | C |  |  | Y | H | K | L | M | T | E | V | U | Q | G | W | B |  |  |  |  |  |
| 华夏 | G5 | 987 |  | F |  | C |  |  | Y | T | K | H | M | G | S | L | Q | E | V | R |  |  |  |  |  | U/X |
| 西部 | PN | 847 |  |  |  |  |  | W | Y | B | H | K | L | M | M1 | Q | Q1 | X | U | E |  | Z/T/J/N/I/P | V | G |  | O/S |
| 首都 | JD | 898 |  | F |  | C |  |  | Y | B | H | K | L | M | M1 | Q | Q | X | U | E |  |  |  |  |  |  |
| 西藏航空 | TV | 088 |  | F | A |  |  |  | Y | B | M | H | K | L | J | Q | G | V | R | E |  |  |  |  |  |  |
| 重庆 | OQ | 878 |  | F | P | C |  |  | Y | T | K | H | M | G | S | L | Q | E | V | E |  |  |  |  |  |  |
| 大新华 | CN | 895 | R | F | F1 |  |  |  | Y | B | H | K | L | M | M1 | Q | Q1 | X | U | E |  |  |  |  |  |  |
| 河北 | NS | 836 |  | F | A | C |  |  | Y | T | H | M | G | S | L | Q |  | E | V | R |  |  |  |  |  |  |
| 幸福 | JR | 929 |  | F | A/P |  |  |  | Y | B |  | H | L | M | N | R | S | V | T | W |  |  |  |  |  |  |

# 附录 A.5　常见出错信息提示汇总

| | |
|---|---|
| **SI** | |
| PROT SET | 密码输入不正确 |
| USER GRP | 级别输入不正确 |
| PLEASE SIGN IN FIRST | 请先输入工作号，再进行查询 |
| **SO** | |
| PENDING | 表示有未完成的 PNR，在退号前必须完成或放弃它 |
| TICKET PRINTER IN USE | 表示未退出打票机的控制，退出后即可 |
| QUE PENDING | 表示未处理完信箱中的 QUEUE、QDE 或 QNE |
| PROFILE PENDING | 表示未处理完常旅客的订座，PSS：ALL 处理 |
| **IT** | |
| AIRLINE | 输入了无效的航空公司代码 |
| DATE | 输入了无效的日期 |
| FLT NBR | 输入了无效的航班号 |
| FUNCTION | 输入的指令不适用于本程序 |
| NOT AN OAG LEG-AVAIL FLIGHT | 输入的航班号码不是 OAG 所提供的可用的航班 |
| **FD** | |
| AIRLINE | 查询票价时，应加上航空公司代码 |
| **NM** | |
| ELE NBR | 旅客序号不正确 |
| INFANT | 缺少婴儿标识 |
| INVALID CHAR | 姓名中存在非法字符，或者终端参数设置不正确 |
| NAME LENGTH | 姓名超长或姓氏少于两个字符 |
| PLS NM1XXXX/XXXXXX | 姓名中应加斜杠（/），或者斜杠数量不正确 |
| SEATS | 座位数与姓名数不符，可使用 RT 检查当前的 PNR |
| NO NAME CHANGE FOR MU/Y | 某航空公司不允许修改姓名 |
| **SS、SD** | |
| UNABLE | 当所订的航班舱位不存在或状态不正确 |

| | |
|---|---|
| | 时，系统给出应答为 UNABLE 并显示航班情况 |
| ACTION | 行动代码不正确 |
| SEATS | 订座数与 PNR 中旅客数不一致 |
| SEGMENT | 城市对输入无效 |
| TIME | 输入时间不正确 |
| FLT NUMBER | 航班号不正确 |
| SCH NBR | 航线序号不符 |
| **SA** | |
| FORMAT | SA 指令不应带座位数 |
| ACTION CODE | 行动代码不正确 |
| CITY PAIR | 城市或城市对输入不正确 |
| **SN** | |
| CITY PAIR | 城市或城市对输入不正确 |
| AIRLINE | 航空公司代码不正确 |
| **TK** | |
| DATE | 输入的日期不正确 |
| INVALID CHAR | 自由格式项中存在非法字符 |
| OFFICE | 部门代码不正确 |
| PLS INPUT FULL TICKET NUMBER | 输入完整的票号，航空公司代码及十位票号 |
| **SSR** | |
| **OSI** | |
| AIRLINE | 航空公司标识不正确 |
| PSGR ID | 旅客标识不正确 |
| **RMK** | |
| SIZE | 自由格式文本超长 |
| PSGR ID | 旅客标识不正确 |
| **MA** | |
| PSGR ID | 旅客标识不正确 |
| **OP** | |
| DATE | 输入的日期不正确 |
| INVALID CHAR | 自由格式文本项中存在非法字符 |
| OFFICE | 部门代码不正确 |
| **BA** | |
| PSGR ID | 旅客标识不正确 |
| **@** | |
| CHECK CONTINUITY | 检查航段的连续性，使用@I 指令 |
| CONTACT ELEMENT MISSING | 缺少联系组，将旅客联系电话输入 PNR 中 |

| | |
|---|---|
| MAX TIME FOR EOT - IGNORE PNR AND RESTART | 建立了航段组，但未封口的时间超过 5min，这时系统内部已经做了 IG，将座位还原，售票员应做 IG，并重新建立 PNR |
| NAMES | PNR 中缺少姓名项 |
| SIMULTANEOUS MODIFICATION—REENTER MODIFICATION | 类似的修改，IG，并重新输入当前的修改 |
| **RT** | |
| PNR MATCH NOT FOUND | 在对方系统内找不到对应输入记录编号的 PNR |
| NUMBER IN PARTY EXCEEDS MAXIMUM | 所要提取的 PNR 团队人数超过对方系统限制，不能被提取 |
| UNABLE TO RETRIEVE PNR, DATABASE ERROR | 对方数据库故障，无法提取 PNR |
| PNR SECURED | 所要提取的 PNR 在对方系统内被保护，无法提取 |
| GENERAL SYSTEM ERROR | 对方系统故障 |
| INVALID FORMAT | 输入格式错误 |
| **CS** | |
| ELE NBR | 航段序号不正确 |
| **ES** | |
| NO PNR | 待合并的 PNR 不存在 |

# 附录 A.6　中国南方航空集团有限公司客票退改签使用条件

本使用条件适用于 2024 年 1 月 10 日（含）起销售的 2024 年 1 月 10 日（含）后国内运输散客旅行客票使用。在此日期之前销售客票仍按原使用条件相关规定执行。

## 一、一般规定

（一）销售单位应严格遵守价格与订座舱位相对应的原则，不得以低价格销售高舱位。

（二）由各航段对应订座舱位单程票价组合而成填开的客票，各航段的使用条件按照对应订座舱位等级规定执行。

（三）凡符合本条件规定的散客，优先按照本条件执行。未规定的，按照南航新版《旅客、行李国内运输总条件》执行。

（四）销售单位出售各舱位客票时，必须事先向旅客说明相关使用条件，避免发生投诉事件。

（五）本规定适用于南航国内散客舱位，舱位其他用途按其他文件规定执行，其他未列明舱位按具体运价文件另行规定执行。

## 二、适用范围

适用于由南航实际承运及挂南航航班号由其他航空公司承运（南航代码共享航班）的、使用南航国内有效运输凭证（包括使用“784”确认的 BSP 客票）填开的国内航线运输，以及与南航签有相互销售协议，并使用其他航空公司客票填开的南航国内航线运输。

## 三、客票有效期

（一）除另有规定外，客票有效期自旅客开始第一段旅行开始之日起，一年内运输有效；如果客票全部未使用，则从填开客票之日起，一年内运输有效；不定期客票，从填开客票之日起，一年内运输有效。

（二）客票有效期的计算，从第一航段旅行开始或填开客票之日的次日零时起至有效期满之日的次日零时为止。

## 四、提前订座、出票规定

（一）必须按票价规定的舱位进行订座。

（二）出票时限以订座系统标注为准。

（三）客票必须按对应舱位填开。正确填写客票上的票价级别栏、票价栏和签注栏规定内容；优惠票必须在“签注栏”标注“不得签转/变更退票收费”或按照相关产品的规定填写。

（四）票面按旅客实付款金额填写，金额以人民币十元为单位，个位数四舍五入，具体价格以订座系统中公布的票价为准执行。

（五）不定期客票填开

1. F/J/W/Y 舱客票及正常儿童\婴儿\革命伤残军人和因公致残人民警察客票，全程允许填开不定期客票；

2. 其他舱位不允许填开不定期客票。

## 五、散客变更及退票费收取规定

变更：指包括航班、日期、舱位、航程、承运人的变更。

变更费：是指根据舱位票价使用条件，南航对旅客自愿提出要求更改原订航班计划而收取的费用，包括对航班、日期等的变更收费。

票价价差：指旅客自愿从低票价改为高票价的运价差额。

变更及退票费的费率均以退座时间计算。

变更费，退票费和舱位票价价差均按客票票面价计算。

（一）自愿变更、退票手续费收费标准具体见附表。

（二）自愿变更其他规定

1. 按 F/J/W/Y 舱普通票价 50%计算的儿童客票航班/日期变更，按该运价原对应舱位（F/J/W/Y 舱）的使用条件执行。

2. 按 F/J/W/Y 舱普通票价 10%计算的婴儿客票、按 F/J/W/Y 舱普通票价 50%计算的革命伤残军人和因公致残人民警察优惠客票航班/日期变更，免收变更费。

3. 如变更后未发生票价价差，则按规定收取变更费；如果变更后引起前后票价变化的，按以下规定办理：

a. 不同舱位变更，从高票价变更到低票价，按自愿退票办理；从低票价变更到高票价，收取变更费和票价价差；相同票价仅收取变更费。

b. 相同子舱位变更，收取变更费和票价价差，如新票价低于原票价差额不退（新客票填写原票价），只收取变更费，或按自愿退票处理。

c. 每次变更均需重新计算票价，如所需舱位没有票价，即使舱位开放，不接受变更，或按自愿退票处理。

d. 如客票航班及日期没变更，仅变更舱位，则仅收取票价价差。

e. 订座舱位更改后如需再变更，其变更收费按更改后的订座舱位使用条件办理。

4. 散客单程、来回程、缺口程、联程客票的自愿变更，仅限南航直属售票处、南航呼叫中心、授权南航代理办理。

5. 更改航程和乘机人:按自愿退票再重新购票。

6. 使用散客公布票价不同舱位组合填开联程客票，客票变更均按各舱位对应规定办理，但签注栏仍按较严格舱位变更规定标注。

（三）自愿退票其他规定

1. 按 F/J/W/Y 舱普通票价 50%计算的儿童客票退票，按该运价原对应舱位（F/J/W/Y 舱）的使用条件执行。

2．按 F/J/W/Y 舱普通票价 10%计算的婴儿客票、按 F/J/W/Y 舱普通票价 50%计算的革命伤残军人和因公致残人民警察优惠客票退票，免收退票费。

3．客票变更后发生退票，所收变更费不退；客票订座舱位进行更改后如又发生退票，则票价价差部分按变更后新订座舱位的退票手续费标准办理，其他按变更前订座舱位的退票手续费标准办理，合计收取退票费，并按新订座舱位退座时间选择相应费率。

4．旅客要求退票，最迟应在开始旅行之日起（客票完全未使用的，从填开之日起）十三个月内提出，逾期不予办理。若客票已逾期，票款、机场建设费与燃油附加费均不予退回。

5．使用散客公布票价不同舱位组合填开联程客票，客票退票均按各舱位对应规定办理，但签注栏仍按较严格舱位退票规定标注。

### 六、客票的签转规定

（一）客票的签转按相关签转协议执行。

（二）F/J/W/Y 物理舱位客票（包含有直减优惠的），补齐差额后进行签转。

（三）按 F/J/W/Y 舱普通票价计算的婴儿、儿童、革命伤残军人和因公致残人民警察优惠客票允许自愿签转。

（四）如签转后的承运人适用票价高于南航票价，需补齐差额后进行签转；如签转后的承运人适用票价低于南航票价，允许签转，但差额不退，或按自愿退票处理。

（五）客票签转须同时按本规定收取变更费。其他凡不允许自愿签转的可退票的客票要求自愿签转，按自愿退票办理。

### 七、非自愿变更/退票/签转

订座舱位为 V/Z/T/N/R/Q/G/X/O 舱客票，由于天气、空中交通管制等无法控制或不能预见的非南航原因以致航班取消、提前、延误、航程改变、导致衔接错失、不能提供旅客原已定妥的座位或因未能在合理的时间内按照班期时刻飞行而造成无法在客票有效期内为已出票的旅客提供座位时，可为旅客免费安排有可利用座位的南航航班或免费办理退票，但不得变更至非南航市场方航班。

### 八、客票签注栏

签注栏。F/J/W/Y 舱客票：Q/变更退票收费；其他客票：Q/不得签转/变更退票收费。

### 九、其他事项

航班登机、关舱门或推出后，旅客因非正常聚集、行李异常或其他等自身原因终止行程，导致航班延误或推出后滑回的情况，属于扰乱运行秩序的行为。根据国家法律和民用航空法规，南航将对当事人采取必要的制止、制服措施或管束措施，在起飞前、降落后要求其离机，并有权根据当事人行为造成的损失进行追偿。如触犯法律的，由南航移交公安机关或司法机关处理。

## 南航国内散客运输票价使用条件

<table>
<tr><th rowspan="2">舱位等级</th><th rowspan="2" colspan="2">订座舱位</th><th colspan="4">自愿变更</th><th colspan="4">自愿退票</th><th rowspan="2">自愿签转</th><th rowspan="2">不定期航段填开</th></tr>
<tr><th>航班预计离站时间前 168 小时（含）前</th><th>航班预计离站时间前 48 小时（含）前</th><th>航班预计离站时间前 4 小时（含）前</th><th>航班预计离站时间前 4 小时（不含）后</th><th>航班预计离站时间前 168 小时（含）前</th><th>航班预计离站时间前 48 小时（含）前</th><th>航班预计离站时间前 4 小时（含）前</th><th>航班预计离站时间前 4 小时（不含）后</th></tr>
<tr><td>头等舱</td><td colspan="2">F</td><td rowspan="2">免费</td><td rowspan="2">免费</td><td rowspan="2">5%</td><td rowspan="2">5%</td><td rowspan="2">免费</td><td rowspan="2">5%</td><td rowspan="2">5%</td><td rowspan="2">10%</td><td rowspan="2">允许</td><td rowspan="2">允许</td></tr>
<tr><td rowspan="4">公务舱</td><td colspan="2">J</td></tr>
<tr><td colspan="2">C</td><td rowspan="3">免费</td><td rowspan="3">10%</td><td rowspan="3">10%</td><td rowspan="3">15%</td><td rowspan="3">5%</td><td rowspan="3">10%</td><td rowspan="3">15%</td><td rowspan="3">20%</td><td rowspan="3">不允许</td><td rowspan="3">不允许</td></tr>
<tr><td colspan="2">D</td></tr>
<tr><td colspan="2">I</td></tr>
<tr><td rowspan="4">明珠经济舱</td><td colspan="2">W</td><td>免费</td><td>5%</td><td>5%</td><td>10%</td><td>免费</td><td>5%</td><td>10%</td><td>15%</td><td>允许</td><td>允许</td></tr>
<tr><td rowspan="3">S</td><td>S1*</td><td>免费</td><td>10%</td><td>15%</td><td>20%</td><td>10%</td><td>15%</td><td>25%</td><td>30%</td><td rowspan="3">不允许</td><td rowspan="3">不允许</td></tr>
<tr><td>S2*</td><td>免费</td><td>15%</td><td>25%</td><td>35%</td><td>10%</td><td>20%</td><td>35%</td><td>45%</td></tr>
<tr><td>S3*</td><td>5%</td><td>20%</td><td>45%</td><td>55%</td><td>20%</td><td>30%</td><td>65%</td><td>70%</td></tr>
<tr><td rowspan="16">经济舱</td><td colspan="2">Y</td><td>免费</td><td>5%</td><td>5%</td><td>10%</td><td>免费</td><td>5%</td><td>10%</td><td>15%</td><td>允许</td><td>允许</td></tr>
<tr><td colspan="2">P</td><td rowspan="10">免费</td><td rowspan="5">10%</td><td rowspan="5">15%</td><td rowspan="5">20%</td><td rowspan="5">10%</td><td rowspan="5">15%</td><td rowspan="5">25%</td><td rowspan="5">30%</td><td rowspan="15">不允许</td><td rowspan="15">不允许</td></tr>
<tr><td colspan="2">B</td></tr>
<tr><td colspan="2">M</td></tr>
<tr><td colspan="2">H</td></tr>
<tr><td colspan="2">K</td></tr>
<tr><td colspan="2">U</td><td rowspan="4">15%</td><td rowspan="4">25%</td><td rowspan="4">35%</td><td rowspan="4">10%</td><td rowspan="4">20%</td><td rowspan="4">35%</td><td rowspan="4">45%</td></tr>
<tr><td colspan="2">A</td></tr>
<tr><td colspan="2">L</td></tr>
<tr><td colspan="2">Q</td></tr>
<tr><td colspan="2">E</td><td rowspan="6">5%</td><td rowspan="2">20%</td><td rowspan="2">45%</td><td rowspan="2">55%</td><td rowspan="6">20%</td><td rowspan="2">30%</td><td rowspan="2">65%</td><td rowspan="2">70%</td></tr>
<tr><td colspan="2">V</td></tr>
<tr><td colspan="2">Z</td><td rowspan="4">30%</td><td rowspan="4">50%</td><td rowspan="4">60%</td><td rowspan="4">40%</td><td rowspan="4">70%</td><td rowspan="4">75%</td></tr>
<tr><td colspan="2">T</td></tr>
<tr><td colspan="2">N</td></tr>
<tr><td colspan="2">R</td></tr>
<tr><td>产品舱</td><td colspan="12">订座为上述舱位及 G/X/O 舱填开的产品优惠客票，按产品优惠客票具体运价文件使用条件执行</td></tr>
</table>

注：*表示带后缀。

# 附录 A.7　中国国际航空股份有限公司国内客票退改签规定

## 一、适用范围

1. 本规则适用于：

（1）使用国航国内运输客票填开、显示国航航班代号、由国航承运的国内航空运输；

（2）使用国航国内运输客票填开、显示国航航班代号、但由其他航空公司承运的国内航空运输；

（3）与国航签有子舱位销售协议或联运协议、使用其他航空公司国内客票填开的国航承运的国内航空运输。

2. 本规则所列变更和退票手续费收费标准（新标准）适用于 2023 年 10 月 29 日（含）以后销售的国内客票。

3. 2023 年 10 月 29 日（不含）以前销售的国内客票，在 2023 年 10 月 29 日（含）以后进行变更且产生新的客票号的，再次变更时适用本规则所列的新标准。

4. 2023 年 10 月 29 日（不含）以前销售的国内客票，在 2023 年 10 月 29 日（含）以后申请退票，适用 2023 年 10 月 29 日（不含）以前的退票手续费收费标准（旧标准）。

5. 特殊票价产品的退改规则按照相关产品的规则执行。

6. 本规则视为《中国国际航空股份有限公司旅客行李运输总条件》的组成部分。

## 二、一般规定

1. 国内客票实行明码标价，销售时一律填开实付票价，尾数四舍五入，票价金额以人民币十元为单位，具体价格以销售系统自动计算结果为准。

2. 凡符合本规则的，优先按照本规则执行。未规定的，按照《中国国际航空股份有限公司旅客行李运输总条件》执行。

3. 本规则中的“航班起飞时间”是指客票票面上显示的航班计划起飞时间。“航班起飞时间前 7 天”为 7×24 小时，即 168 小时。“航班起飞时间前 7 天”和“航班起飞时间前 4 小时”均精确到分钟。例如，计划于 2023 年 11 月 8 日 12:10 起飞的航班，其“航班起飞时间前 7 天”对应的时间节点是：2023 年 11 月 1 日 12:10；“航班起飞时间前 4 小时”对应的时间节点是：2023 年 11 月 8 日 8:10。

4. 变更和退票手续费以及票价差额均按对应航段票面价格计算。变更和退票手续费以人民币元为单位，尾数四舍五入至个位。

## 三、儿童、婴儿、革命伤残军人、因公致残人民警察优惠票价变更、退票规定

1. 婴儿按成人适用普通票价（F/J/G/Y 舱全价）的 10%计收，允许自愿变更承运人（签转），办理自愿变更及自愿退票时，免收手续费。

2. 儿童（含无成人陪伴儿童）按成人适用普通票价（F/J/G/Y 舱全价）的 50%计收，

票价类别为 FCH50/JCH50/GCH50/YCH50 的儿童五折优惠票价，有成人陪伴儿童允许自愿变更承运人（签转）；无成人陪伴儿童客票，不允许自愿变更承运人（签转）；如无成人陪伴儿童旅客申请自愿变更承运人（签转），可按自愿退票办理；儿童（含无成人陪伴儿童）办理自愿变更时免收手续费，儿童（含无成人陪伴儿童）办理自愿退票时其规定与相同舱位等级成人退票规定一致。

3．革命伤残军人和因公致残人民警察凭有效证件，按成人适用普通票价（F/J/G/Y 舱全价）的 50%计收，票价类别为 FGM/JGM/GGM/YGM/FJC/JJC/GJC/YJC 的革命伤残军人和因公致残人民警察五折优惠票价，允许自愿变更承运人（签转），办理自愿变更及自愿退票时，免收手续费。

4．购买上述优惠政策以外其他票价种类的儿童（含无成人陪伴儿童）、革命伤残军人和因公致残人民警察客票，须按照其他票价种类的退改手续费标准执行。

5．除变更和退票手续费外，其他变更和退票规定按下述“散客退票规定”和“散客客票变更规定”执行。

### 四、订座和购票

1．购买 50%成人普通票价的儿童（含无成人陪伴儿童）、革命伤残军人和因公致残人民警察客票，订座舱位为 F/J/G/Y 舱；儿童（含无成人陪伴儿童）、革命伤残军人和因公致残人民警察允许购买五折（不含）以下客票，订座舱位和票价类别以销售系统显示为准。

2．购买 10%成人普通票价的婴儿客票，舱位服务等级与订座舱位需与同行成人一致。例如，成人票为经济舱 Y 舱，婴儿票也应当为经济舱 Y 舱。

3．出票时限：以订座记录中显示的信息为准。

4．不定期客票（OPEN 客票）：不允许购买不定期客票。

### 五、团队票价及变更、退票规定

团队价格和退改收费标准请咨询国航当地销售机构。

### 六、散客客票退票规定

（一）一般规定

1．退票手续费按对应航段的票面价格计算，以人民币元为单位，尾数四舍五入至个位。

2．按未使用航段的取消订座时间距离客票票面上显示的航班起飞时间，收取适用时间段的退票手续费。

3．客票有多个航段、仅部分航段使用时的退票规则：客票部分使用后的退票，扣除已使用航段票面价格，按未使用航段的取消订座时间距离客票票面上显示的航班起飞时间，收取适用时间段的退票手续费，余额退还旅客。

4．换开客票退票规则：换开客票在 2023 年 10 月 29 日（含）以后申请退票，按换开客票的取消订座时间和原始客票的价格、舱位及收费标准收取退票手续费，如有补收的票价差额，则差额全部退还，已收取的变更手续费不退。即：按照换开客票未使用航段的取消订座时间距离换开客票票面上显示的航班起飞时间，选择适用的时间段，按照原始客票（第一张客票）对应航段和舱位的退票手续费标准和票面价格计算退票手续费；全部退还换开客票时补收的未使用航段的票价差额；已收取的变更手续费不退。

5．对于上述第 2、3、4 点所述场景，如在国航官网或旗舰店办理自愿退票手续，需按照提交退票申请的时间距离客票上显示的航班起飞时间，收取适用时间段的退票手续费。

6．旅客在《中国国际航空股份有限公司旅客行李运输总条件》规定时间内办理退票时，未使用的机场建设费和燃油附加费一并退还。

（二）来回程一体运价的退票规则

来回程一体运价（是指从一地出发前往另一地又返回到原始发地的旅程且来回程票价低于单程票价的两倍）客票部分使用后申请退票，扣除来回程一体运价票面价格的 1/2，余额按相应舱位等级的退票规则办理。

（三）自愿签转到其他航空承运人的客票如申请退票，按照签转前国航航班的退票规则收取退票手续费，如收取过票价差额，则差额全部退还，已收取的变更手续费不退。

（四）自愿退票手续费收费标准

**自愿退票手续费收费标准（按对应航段的票面百分比价格收取）**

| 舱位服务等级 | 舱位等级代码 | 航班起飞前 7 天（168 小时）（含）之前 | 航班起飞前 7 天（不含）至 48 小时（含） | 航班起飞前 48 小时（不含）至 4 小时（含） | 航班起飞前 4 小时（不含）至航班起飞后 |
|---|---|---|---|---|---|
| 头等舱 | F | 免费 | 5% | 5% | 10% |
| | A | 5% | 5% | 5% | 15% |
| 公务舱 | J | 免费 | 5% | 5% | 10% |
| | C/D/Z/R | 5% | 10% | 15% | 20% |
| 超级经济舱 | G | 免费 | 5% | 10% | 15% |
| | E | 10% | 15% | 25% | 30% |
| 经济舱 | Y | 免费 | 5% | 10% | 15% |
| | B/M/U | 10% | 15% | 25% | 30% |
| | H/Q/V | 10% | 20% | 35% | 45% |
| | W/S | 20% | 30% | 65% | 70% |
| | T/L/P/N/K | 20% | 40% | 70% | 75% |

## 七、散客客票变更规定

（一）一般规定

1．变更是指变更航班时刻、变更航班日期、变更舱位等级、变更承运人等情形。

2．变更手续费按对应航段的票面价格计算，以人民币元为单位，尾数四舍五入至个位。

3．自愿变更需重新计算票价，票价差额按对应航段的票面价格计算；如有票价差额需补收。

4．按未使用航段的取消订座时间距离客票票面上显示的航班起飞时间，收取适用时间段的变更手续费。

例外：在国航官网或旗舰店办理自愿变更手续时，需按照提交变更申请的时间距离客票上显示的航班起飞时间，收取适用时间段的变更手续费。

5. 客票变更时，如先取消原订客票变为 OPEN 客票，之后再重新订票的，也需重新计算票价，如有票价差额需补收，同时收取变更手续费。

（二）自愿变更航班和/或日期

需重新计算票价，如有票价差额需补收，同时收取变更手续费。

（三）自愿变更舱位等级

1. 降低舱位（包括同一服务等级中子舱位从高舱位改低舱位及不同服务等级中降低舱位等级），按自愿退票办理，重购新票。如 Y 改至 W，M1 改至 V，E 改至 Y，J 改至 Y，C 改至 V1 等。

2. 提高舱位（包括同一服务等级中子舱位从低舱位改高舱位及不同服务等级中提高舱位等级）。

（1）客票航班和日期均未变更，提高舱位服务等级时若新票价高于或等于原票价，则只收取舱位票价差额，免收变更手续费。如 S 改至 G，M1 改至 R，D 改至 A 等。同一服务等级中子舱位从低舱位改高舱位，需重新计算票价，如有票价差额需补收，同时收取变更手续费。如 S 改至 V，Q1 改至 M1，H1 改至 Y 等。

（2）客票航班和/或日期变更，需重新计算票价，如有票价差额需补收，同时收取变更手续费。如 U1 改至 Y，B 改至 C，R 改至 J 等。

（3）提高舱位后再变更按新舱位的变更手续费标准执行。

（4）若提高舱位时新票价低于原票价，按自愿退票办理，重购新票。

3. 相同子舱位变更（如 M 改 M，M1 改 M1，M1 改 M，C 改 C 等），需重新计算票价，如有票价差额需补收，同时收取变更手续费。如新票价低于原票价，差额不退，只收取变更手续费，或按自愿退票处理。

4. 对于上述第 2 点所述场景，如在国航官网办理自愿变更手续，需重新计算票价，如有票价差额需补收，同时收取变更手续费。

（四）自愿变更承运人（签转）

1. 头等舱（F）、公务舱（J）、超级经济舱（G）和经济舱（Y）普通票价，使用 F\J\G\Y 舱的政府采购票价，均允许自愿变更承运人；如变更后承运人适用票价高于原客票的票价，需补齐票价差额后进行变更，同时收取变更手续费；如变更后新承运人适用票价低于原客票的票价，可按自愿退票办理。如按照自愿变更办理，差额不退，同时收取变更手续费。

2. 使用除上述舱位等级以外的客票，不允许自愿变更承运人；如旅客申请自愿变更承运人，按自愿退票办理。

（五）自愿变更航程

按自愿退票办理。

（六）来回程一体运价的变更规则

来回程一体运价（是指从一地出发前往另一地又返回到原始发地的旅程且来回程票

价低于单程票价的两倍）客票部分使用后申请变更，按 1/2 来回程一体运价计算变更手续费；如果变更后舱位有来回程一体运价，则票价差额为 1/2 来回程一体运价的差额；如果变更后舱位没有来回程一体运价，则票价差额为变更后舱位单程运价与变更前 1/2 来回程一体运价之间的差额。

（七）自愿变更手续费收费标准

自愿变更手续费收费标准（按对应航段的票面价格百分比收取）

| 舱位服务等级 | 舱位等级代码 | 航班起飞前 7 天（168 小时）（含）之前 | 航班起飞前 7 天（不含）至 48 小时（含） | 航班起飞前 48 小时（不含）至 4 小时（含） | 航班起飞前 4 小时（不含）至航班起飞后 |
|---|---|---|---|---|---|
| 头等舱 | F | 免费 | 免费 | 5% | 5% |
| | A | 免费 | 5% | 5% | 10% |
| 公务舱 | J | 免费 | 免费 | 5% | 5% |
| | C/D/Z/R | 5% | 10% | 10% | 15% |
| 超级经济舱 | G | 免费 | 5% | 5% | 10% |
| | E | 5% | 10% | 15% | 20% |
| 经济舱 | Y | 免费 | 5% | 5% | 10% |
| | B/M/U | 5% | 10% | 15% | 20% |
| | H/Q/V | 5% | 15% | 25% | 35% |
| | W/S | 10% | 20% | 45% | 55% |
| | T/L/P/N/K | 10% | 30% | 50% | 60% |

# 附录 A.8　中国东方航空集团有限公司客票退改签使用条件

2024 年 1 月 10 日（含）以后销售，2024 年 1 月 10 日（含）以后使用的国内客票按以下标准执行，规则自 2024 年 1 月 10 日起生效。

东航国内运价适用条件表

| 舱位等级 | OPEN | 自愿签转 | 自愿变更 | | | | | 自愿退票 | | | | |
|---|---|---|---|---|---|---|---|---|---|---|---|---|
| | | | 航班规定离站时间 30 天之前 | 航班规定离站时间 30 天（含）至航班规定离站时间 7 天之前 | 航班规定离站时间前 7 天（含）至航班规定离站时间前 48 小时 | 航班规定离站时间前 48 小时（含）至航班规定离站时间前 4 小时 | 航班规定离站时间前 4 小时（含）至航班起飞后 | 航班规定离站时间 30 天之前 | 航班规定离站时间 30 天（含）至航班规定离站时间 7 天之前 | 航班规定离站时间前 7 天（含）至航班规定离站时间前 48 小时 | 航班规定离站时间前 48 小时（含）至航班规定离站时间前 4 小时 | 航班规定离站时间前 4 小时（含）至航班起飞后 |
| F | 允许 | 允许 | 免费 | 免费 | 免费 | 5% | 5% | 免费 | 免费 | 5% | 5% | 10% |
| U | | | 免费 | 免费 | 免费 | 5% | 5% | 免费 | 免费 | 5% | 5% | 10% |
| J | 允许 | 允许 | 免费 | 免费 | 免费 | 5% | 5% | 免费 | 免费 | 5% | 5% | 10% |
| C | 不允许 | 不允许 | 免费 | 5% | 10% | 10% | 15% | 免费 | 5% | 10% | 15% | 20% |
| D | | | 免费 | 5% | 10% | 10% | 15% | 免费 | 5% | 10% | 15% | 20% |
| Q | | | 免费 | 5% | 10% | 10% | 15% | 免费 | 5% | 10% | 15% | 20% |
| I | | | 免费 | 5% | 10% | 10% | 15% | 免费 | 5% | 10% | 15% | 20% |
| W | 允许 | 允许 | 免费 | 免费 | 5% | 5% | 10% | 免费 | 免费 | 5% | 10% | 15% |
| P | 不允许 | 不允许 | 免费 | 5% | 10% | 15% | 20% | 免费 | 10% | 15% | 25% | 30% |
| Y | 允许 | 允许 | 免费 | 免费 | 5% | 5% | 10% | 免费 | 免费 | 5% | 10% | 15% |
| B | 不允许 | 不允许 | 免费 | 免费 | 5% | 5% | 10% | 免费 | 免费 | 5% | 10% | 15% |
| M | | | 免费 | 5% | 10% | 15% | 20% | 免费 | 10% | 15% | 25% | 30% |
| E | | | 免费 | 5% | 10% | 15% | 20% | 免费 | 10% | 15% | 25% | 30% |
| K | | | 免费 | 5% | 15% | 25% | 35% | 免费 | 10% | 20% | 35% | 45% |
| L | | | 免费 | 5% | 15% | 25% | 35% | 免费 | 10% | 20% | 35% | 45% |
| N | | | 免费 | 5% | 15% | 25% | 35% | 免费 | 10% | 20% | 35% | 45% |
| R | | | 免费 | 10% | 20% | 45% | 55% | 免费 | 20% | 30% | 65% | 70% |
| S | | | 免费 | 10% | 20% | 45% | 55% | 免费 | 20% | 30% | 65% | 70% |
| V | | | 免费 | 10% | 30% | 50% | 60% | 免费 | 20% | 40% | 70% | 75% |
| T | | | 免费 | 10% | 30% | 50% | 60% | 免费 | 20% | 40% | 70% | 75% |
| Z | | | 免费 | 10% | 30% | 50% | 60% | 免费 | 20% | 40% | 70% | 75% |
| H | | | 免费 | 10% | 30% | 50% | 60% | 免费 | 20% | 40% | 70% | 75% |

（一）自愿变更

1．旅客自愿变更航班、日期时，航班规定离站时间以客票上每个航段最后一次变更后的起飞时间为准，并按照取消订座的时间计算变更手续费。变更产生的票价差额和变更手续费，必须以国内自动变更 TRI 指令反馈结果为准。如果 TRI 指令无效，则按以上方式计算。

2．旅客自愿变更航班或日期，但不改变舱位，如果变更前后的适用票价之间存在差价，少补多不退。

3．提高舱位等级，按照票面价格与变更后适用舱位票价的差价收取差额。当升舱差额等于或小于零元时，一律按照零元计算。如果涉及航班或日期变更，须同时收取变更手续费。升舱后的客票变更规定按照升舱后的票价规定执行。

4．降低舱位等级。

（1）若新舱位的适用票价低于或等于原舱位票价，可按自愿退票，重购客票办理；也可按换开客票的形式办理，但差价不退，如果涉及航班或日期变更，须同时收取变更手续费。降舱航段在换开后客票上的票价，与原舱位票价保持一致。自愿变更、退票和签转规定按照降舱后的票价规定执行。

（2）若新舱位的适用票价高于原舱位票价，按自愿退票，重购客票办理。

5．来回程公布票价客票要求变更，则按 1/2 来回程公布票价计算变更费。

6．变更手续费一律四舍五入至个位。

7．办理自愿退票时，已收取的变更手续费不退。

（二）自愿签转

1．F/U/J/W/Y 舱票价的客票，按照自愿变更的规定收取变更手续费后，允许自愿签转（注有“不得签转”字样的客票除外）；如果签转后承运人的适用票价高于东航票价，必须补收差额，并按照自愿变更的规定收取变更手续费后进行签转；如果签转后承运人的适用票价低于东航票价，差额不退，并按照自愿变更的规定收取变更手续费后进行签转。

2．C/D/Q/I/P/B/M/E/K/L/N/R/S/V/T/Z/H 舱票价的客票，不得自愿签转。如旅客要求自愿签转，需补齐明折明扣票价与正常公布票价的差价，同时收取变更手续费后，方可签转。

3．如果存在其他签转协议或快线产品，则按其中关于自愿签转的条款执行。

（三）自愿退票

1．旅客自愿退票时，航班规定离站时间以客票上每个航段最后一次变更后的起飞日期/时间为准，并按照取消订座的日期/时间计算退票手续费。

2．H 舱中转联运产品（运价基础栏为 HTR、SUPH03A、SUPH03B、SUPH00A 或 SUPH00B 的客票）部分使用后，未使用航段的票款不退，可退还未使用的税费和燃油附加费。

3．来回程（RT）折扣、联程（MT）折扣票价客票，客票全部未使用，从已付票款中扣除相应舱位的手续费，退还余额；如客票已部分使用，从已付票款中扣除已使用航段相应舱位的单程公布票价，余额扣除未使用航段相应舱位适用的退票手续费后，退还余额。

4．因升舱或其他原因补收票价差额后，如需退票，按原始客票票价规定执行，并退还未使用航段补收的全部票价差额。

5．旅客自愿变更航程，按自愿退票办理。

6．退票手续费一律四舍五入至个位。

（四）注意事项

1．本适用条件适用于 2024 年 1 月 10 日（含）以后销售的 2024 年 1 月 10 日（含）以后使用的客票。

2．除客票明确标注其他限制条件外，一律按照本规则执行。

3．“航班规定离站时间前 30 天”为 30×24 小时，即 720 小时。“航班规定离站时间前 7 天”为 7×24 小时，即 168 小时。“航班规定离站时间前 30 天”“航班规定离站时间前 7 天”“航班规定离站时间前 48 小时”“航班规定离站时间前 4 小时”均精确到分钟。例如，计划于 2024 年 2 月 8 日 12:10 起飞的航班，其“航班规定离站时间 30 天”对应的时间节点是：2024 年 1 月 9 日 12:10；“航班规定离站时间前 7 天”对应的时间节点是：2024 年 2 月 1 日 12:10；“航班规定离站时间前 48 小时”对应的时间节点是：2024 年 2 月 6 日 12:10；“航班规定离站时间前 4 小时”对应的时间节点是：2024 年 2 月 8 日 08:10。

4．东航对 1.5 折（含）以下客票保留设置“不得签转、不得改期、不得退票”规定的权力。

# 参 考 文 献


[1] 竺志奇. 民航国内客运销售实务. 北京：中国民航出版社，2009.

[2] 黄建伟. 民航客运销售. 北京：国防工业出版社，2013.

[3] 何蕾. 民航机场地面服务. 北京：化学工业出版社，2014.

[4] 何蕾. 空中乘务. 长沙：湖南大学出版社，2015.

[5] 唐忍雪. 民航国内客票销售. 北京：科学出版社，2012.

# 反侵权盗版声明